本书为2016年度国家新闻出版广电总局广播影视部级社科研究项目（课题编号：GD1606）研究成果

突破

一场非典型广告实验

任学安 著

中国传媒大学出版社
·北京·

图书在版编目(CIP)数据

突破——一场非典型广告实验 / 任学安著. —北京 ：中国传媒大学出版社，2018.10
ISBN 978-7-5657-2414-5

Ⅰ. ①突… Ⅱ. ①任… Ⅲ. ①广告—经营管理—研究 Ⅳ. ①F713.82

中国版本图书馆 CIP 数据核字(2018)第 236927 号

突破——一场非典型广告实验
TUPO —— YICHANG FEIDIANXING GUANGGAO SHIYAN

著　　者　任学安
策划编辑　欣　雯
责任编辑　程　平
责任印制　曹　辉
封面设计　大鹏设计

出版发行　中国传媒大学出版社
社　　址　北京市朝阳区定福庄东街 1 号　邮编：100024
电　　话　86—10—65450528　65450532　传真：65779405
网　　址　http://www.cucp.com.cn
经　　销　全国新华书店

印　　刷　北京中科印刷有限公司
开　　本　787mm×1092mm　1/16
印　　张　13
字　　数　200 千字
版　　次　2018 年 10 月第 1 版　　2018 年 10 月第 1 次印刷

书　　号　ISBN 978-7-5657-2414-5/F·2414　　定　　价　88.00 元

序

谁人在唱大风歌？

| 黄升民

作为“CCTV国家品牌计划”从概念萌芽到成熟落地的见证者之一，我接到任总写序的邀约时，也不免对这本书怀揣期待。

谈及“CCTV国家品牌计划”，要从两年前的一个晚上说起。当时我接到央视广告经营管理中心的电话，希望我能够和他们一起南下拜访大客户。彼时正逢央视广告经营额下降、掌门人易主，外界对电视媒体唱衰的声音一浪高过一浪，用多事之秋来形容毫不过分。怎么办？迈开双腿到一线看看，倾听客户的心声，这向来就是央视广告经营的一个传统做法。

南下首站广汽传祺，双方深入研讨触动一个敏感话题：当企业站在时代的转折点上，广告还有用吗？到底需不需要电视广告？需不需要一个结合多媒体渠道的、同时面向国内与国际的中央传播平台？企业方说了一句让我至今记忆深刻的话：“大国崛起之际，也就是大牌发声之时，中央平台传播不可缺位。”可能就是这句话让刚刚上任的任学安听得热血沸腾。大时代的背景之下，央视如何与国家品牌共同成长合作共赢？带着这个思考，央视的广告经营者开始酝酿“CCTV国家品牌计划”，并且在半年之后的招标季中成形推出。书中对“CCTV国家品牌计划”的诞生始末与相关细节都做了全面的展示，也让我们看到：所谓“CCTV国家品牌计划”，是央视跳脱出既往的广告售卖与简单营销窠臼的一次尝试，是央视试图与企业共同建构一个超大型传播平台的过程，也是央视与大国崛起、品牌国际化发展相匹配的一次转型努力。因此，“CCTV国家品牌计划”一经推出就引起了市场上的迅速反应与认可。去年春天的央视广告经营研讨会上，我的发言标题就是引用的汉高祖《大风歌》的名句：大风起兮云飞扬。

大风所指，是巨变的环境，是前所未有的压力和困难，如果经营者咬紧牙关不放弃不妥协，可以逆境转折，甚至可以逆风飞扬，以此激励正在苦斗中的央视广告经营者。

做媒体很难，做媒体经营更难。我最近在做“中国广告四十年”的项目时也在梳理媒体经营的四十年。这是一个泪水与汗水交织的四十年、失望与希望同在的四十年。在这个鲜花遍地荆棘丛生的特殊环境当中，我目睹许多失败者黯然离场，无数奋进者默默坚守。中国的媒体经营者，表面风光，其实是戴着镣铐在跳舞，承受巨大的双重压力：外在压力是复杂的环境、巨变的技术，内在的挑战是常年沉积的文化氛围，重内容轻经营，重事业轻产业，一旦风吹草动经营下滑，放弃经营退守政府拨款是许多机构的无奈选择。这个时候，央视经营也遇到了困难，他们也会选择退却吗？业内存在许多猜测。央视从1979年开始广告经营以来，经历了种种变革，从成立广告经营的专业团队到第一次招标与预售，从确立自营+承包销售的管理模式到架构完整的商务服务体系和完善广告经营理念，再到今天的“CCTV国家品牌计划”的提出，每一次的调整与转变，反映的都是央视经营者的自省与自救，其结果，成为央视宣传事业发展的坚实支撑。放弃经营，其实也就放弃自力更生，媒体只能求生存而无言发展，更遑论做大做强。从这个角度来看，本书研究和梳理央视的广告经营脉络、特点和历程，意义重大，对于中国电视媒体的广告经营发展历程，亦是一个侧影式的存在。

作为研究者和守望者的我之所以在去年夏天的研讨会上高度评价央视的经营努力尤其是最近的“CCTV国家品牌计划”，我认为正是这个创意与努力，扭转了原本的经营颓势，加固了事业大厦的支柱。这就是守土有责，因而，我使用了“安得猛士兮守四方”为结句。

拿到这份书稿的时候，恰好听到了三台合并的消息。一时间，外界不免诸多猜想与评论，观望着这样一个巨无霸般的媒体机构今后究竟路向何方。新的队伍和力量出现，如果只是简单的组织机构相加，那么也不必劳师动众做这一次变革性的调整。外界已经看到，三台合并之后将作为国务院直属事业单位，归口中央宣传部领导，对内保留原呼号，对外统一呼号为“中国之声”。国家层面对它的期待是希望它能够通过资源整合、优势聚集，形成一体化、集束化、多层次、多渠道、多声部、全方位、全覆盖的传播矩阵；将国内传播和国外传播以及新媒体传播融会贯通，真正体现国家主流媒体的大台格局和国际视野。确实，除了央视，还有哪家媒体能够有这样的平台、资源、公信力和影响力来帮助企业打造国家品牌甚至国际品牌？所以我认为，这是央视广告经营方面的一次自我救赎，也是央视广告经营资源的一次全面优化和品牌升级。从这个角度来看，无论是否媒体从业者，如果对央视的这次涅槃感兴趣，这本书无疑是最佳读物。

压力当然是有的，因为要肩负的责任愈加巨大。我在今年年初为央视写的新年祝词如此说道：直面2018年，传媒产业，无论新旧东西，在前所未有的变局当中，大风依旧，波涛汹涌。生机勃勃与奄奄一息，破败衰落与欣欣向荣熔于一炉，产业竞争的丛林深处，既有小桥流水的叹息也有大江东去的高歌。当然，也有央视高唱的大风歌。

无论顺境还是逆境，无论高潮还是低谷，依旧歌声嘹亮且持续久远。是为序。

目 录

Contents

第一章 认知之辩

2015年9月我接手央视广告经营工作的时候，正是中国媒体格局发生巨变的时候，也是央视广告经营最困难的一年。这一年统计数据显示互联网广告首次超过电视广告，坐上了媒体广告的第一把交椅。互联网媒体风头正劲，电视、报纸等传统媒体不断被唱衰。电视未来的方向是什么？电视广告未来应该怎么经营？这在当时是一个很难回答的问题。

恰好2016年2月19号，习近平总书记到中央电视台调研视察，当天下午召开了“党的新闻舆论工作座谈会”，在这次重要会议上，习近平总书记首次对广告提出了要求，就是我们现在耳熟能详的“广告宣传也要讲导向”。这是国家最高领导人第一次对广告行业提出具体要求。基于这一时代新命题，我们自问：如何落实习近平总书记“广告宣传也要讲导向”的指示精神，怎样才能把社会效益放在首位？

这是一个新思想、新要求、新战略不断提出的时间段。诸如“三个转变”、经济高质量发展、精准扶贫、2020年全面建设小康社会，等等。这些既是时代之需，也是时代之问。媒体人如何参与其中？广告人是参与者、推动者还是旁观者？

思路决定出路。立足时代大局，作为广告人和媒体人的我们开始思考品牌和国家的关系、品牌和社会的关系、品牌和人民生活的关系，以及品牌和媒体的关系。

一、透过品牌看国家实力

时间回溯到2014年，正在河南中铁工程装备集团有限公司考察的习近平总书记提出：“推动中国制造向中国创造转变、中国速度向中国质量转变、中国产品向中国品牌转变。”这就是著名的“三个转变”，它为推动我国产业结构转型升级、打造中国品牌指明了方向。

品牌是企业为适应市场竞争、提高企业整体形象的一种战略，是企业用来参与市场竞争的一种手段，更是企业的无价资产。在中国与世界经济、政治、文化交往越来越频繁的新时代，品牌不仅仅是企业的竞争力，更是参与世界市场竞争和文化交流的国家名片。日本前首相中曾根康弘曾经说过：“在国际交往中，索尼是我的左脸，松下是我的右脸。”品牌既是一个国家经济的脸面，也是一个国家经济的实力。品牌作为一种资产，它既是品牌拥有者的重要资产，也是品牌所属国的国家资产。

链接 中国国家领导人谈品牌

毛泽东："将来，我们也要有自己的名牌，要让全世界听到我们的声音。"

——《圆了主席的名牌梦》，《人民日报》1993 年 11 月 16 日第 3 版

邓小平："我们应该有自己的拳头产品，创造出中国自己的名牌，否则就要受人欺负。"

——《回忆邓小平一九九二年视察珠海》，《中共党史研究》2002 年第 3 期。

江泽民："立民族志气，创世界名牌。"

——《江泽民总书记苏南企业看发展》，《光明日报》1998 年 4 月 25 日。

胡锦涛："加快培育我国的跨国公司和国际知名品牌。"

——《高举中国特色社会主义伟大旗帜，为夺取全面建设小康社会新胜利而奋斗》，胡锦涛在中国共产党第十七次全国代表大会上的报告，2007 年 10 月 15 日。

习近平："推动中国制造向中国创造转变、中国速度向中国质量转变、中国产品向中国品牌转变。"

——习近平在河南中铁工程装备集团有限公司考察时提出"三个转变"重要指示，2014 年 5 月 9 日

然而，我国品牌建设严重滞后于经济发展，一些产品质量不高、创新能力不强、企业诚信意识淡薄等问题仍比较突出。为更好地发挥品牌引领作用、推动供给结构和需求结构升级，2016年6月10日，国务院办公厅发布了《关于发挥品牌引领作用推动

供需结构升级的意见》（下简称《意见》）。这是国家第一次针对品牌发展和作用发布正式的政府文件。《意见》系统地分析和强调了品牌在我国深化经济改革和供需结构升级方面的重要性，并对品牌建设和发展提出了具体的指导意见，成为中国品牌企业和品牌传播机构的参考方向和改革灵感。

经过40年改革开放，中国经济处在全面深化改革的重要阶段，企业品牌作为中国经济的重要元素，作为中国经济的代表和典型，其一举一动都对激发中国变革新活力、再启中国增长强动力、升级中国经济硬实力、同心共筑中国梦息息相关。品牌的背后是一个个企业的真实实力，包括基础设施、技术研发、加工能力、质量安全、服务品质、经济效益以及附加值高等。《意见》中提出，要以增品种、提品质、创品牌为主要内容，从一、二、三产业着手，采取有效举措，推动供给结构升级。

品牌在需求方面具有极大的引领作用，能够提振消费信心，提高消费需求。具体来看，它能够推动农村消费升级，持续扩大城镇消费。《意见》中表示，要发挥品牌的影响力，切实采取可行措施，扩大自主品牌产品的消费，引领消费结构升级。《意见》着重强调了宣传展示自主品牌的重要性，要求大力宣传知名自主品牌，讲好中国品牌故事，提高自主品牌的影响力和认知度，同时鼓励各级电视台、广播电台以及平面、网络等媒体，在重要时段、重要版面安排自主品牌的公益宣传。随后，国务院批准，自2017年起，每年的5月10日为“中国品牌日”。

从国际上看，凡是发达国家必是经济强国、品牌大国，美国有受世界市场追捧的苹果、IBM等；德国有享誉世界的奔驰、宝马等国家品牌形象；法国有受全球高端人士喜爱的香奈儿、爱马仕；日本有遍及世界每一个市场角落的丰田汽车和松下电器等；韩国则以三星、LG打造了电子强国的形象。

从国内看，特别是近几年，随着国家经济实力的增强，我国品牌在全球地位显著提升。根据国家统计局公布数据，2017年中国国内生产总值为82.71万亿元，成为世界第二大经济体。根据2017年《财富》杂志发布的数据，美国上榜品牌有134个、中国110个、日本52个、法国29个、德国28个、韩国15个。而在10年前，中国的上榜品牌仅有23个。在中国经济实力越发强大的今天，品牌的崛起成为中国经济强大的最直接见证。

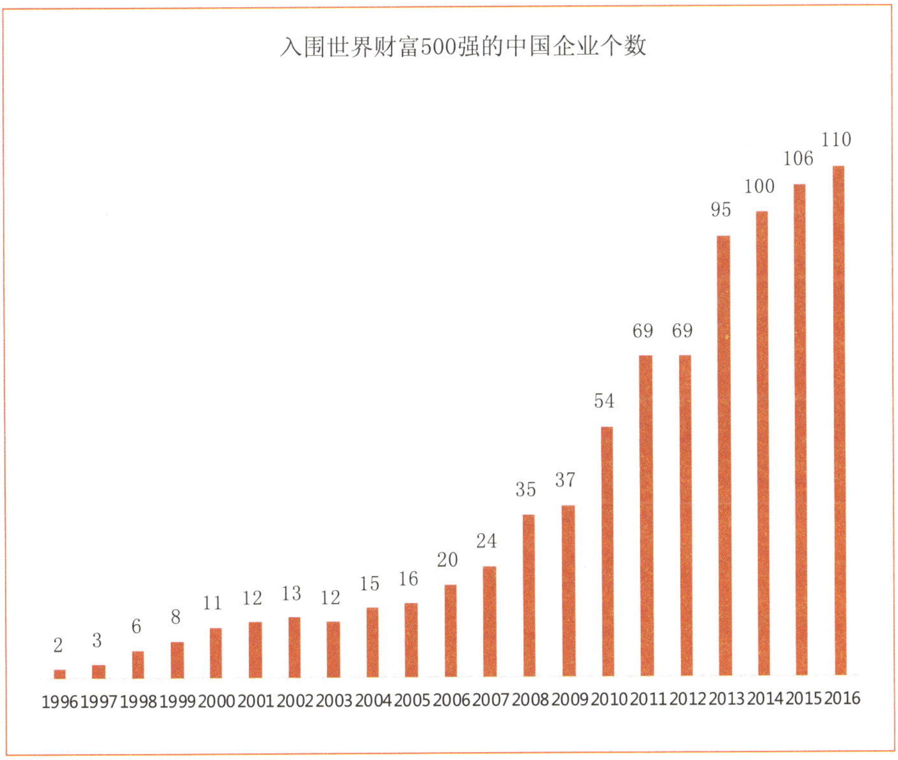

数据来源：2017年《财富》杂志官网

二、透过品牌看生活品质

品牌是经济发展的晴雨表，也是观察人们生活变化的一扇窗户。2016年中国居民人均可支配收入为23,820元，是1978年的69倍、1980年的50倍、1990年的16倍、2000年的4倍。从人均可支配收入不足400元到突破2万元大关，数字变化的背后是人们生活状态和生活品质的提升，而这些变化我们可以从品牌的发展历程中看到生动的展现。

在以解决温饱为主要诉求的20世纪80年代，以健力宝、北冰洋为代表的食品饮料品牌非常活跃，也正是在这一年代出现了海尔、格力、美的三大家电的早期身影。

在大多数人温饱问题逐步得到解决的90年代，人们的生活诉求从“吃饱”“够用”进化到“吃好”“用好”，宝洁、联合利华、达能等外资品牌发力中国市场，太阳神、脑白金等保健品开始走入千家万户，娃哈哈、农夫山泉等品牌狂飙突进。

而到了21世纪初，国家经济飞速发展，中国逐步融入世界经济体系，人们的生活不再局限于吃和用，手里有了部分余钱，开始追求多样化的生活。万科、中石油、阿里巴巴、百度等品牌也正是从这个年代开始腾飞。最为耀眼的就是房地产企业、汽车集团、互联网企业的崛起。家电业则在此时完成行业整合。

2017年党的十九大指出：经过长期努力，中国特色社会主义进入了新时代，这是我国发展新的历史方位。进入新时代，我国社会主要矛盾已经转化为人民日益增长的美好生活需要和不平衡不充分的发展之间的矛盾。

消费升级成为中国经济变化的热词，这是“人民对美好生活的向往”的重要表现。总体来看，今天中国的消费升级主要呈现四大特征：一是消费品质从“能温饱”到“要吃好”的转变，消费者对品质的要求越来越高；二是消费形态从“买产品”到“买服务”的转变，消费者不再满足于单纯的产品消费，越来越重视服务性消费；三是消费方式从“线下买”向“线上买”的变化，越来越多的消费者通过网购进行消费；四是消费行为从“标准化”到“个性化”的转变。所以，我们可以看到华为、小米、支付宝、滴滴出行、摩拜单车、美团等移动互联网、生活服务领域的品牌蒸蒸日上。

一个时代的知名品牌往往与这个时代人民的生活息息相关，那些具有代表性的品牌，其所属行业或是国家支柱性行业或是民生必需品。透过品牌的变迁和更迭，我们看到的是人民生活品质的提升和生活方式的进步。

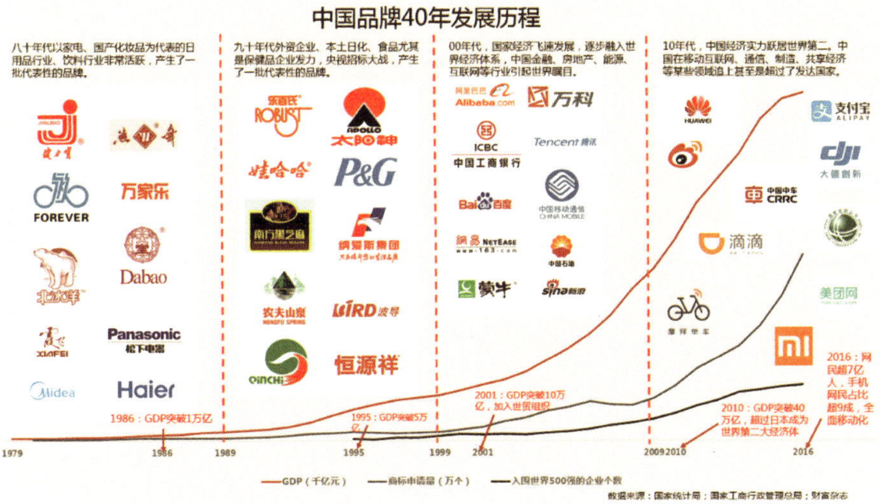

链接 宝洁在中国消费升级中的品牌困局

全球快消巨头宝洁近年来过得相当不好。这个中国日化市场的启蒙者长期以来都是快消行业的营销典范，但不知从何时起竟开始跟不上潮流了，被越来越多的中国年轻消费者认为“过时而无趣”。总结来看，这几年宝洁的困局源于两个错误：一是对中国消费者的认知错误，二是中国品牌传播渠道的认知错误。

2015年和2016年，宝洁的销售额年度下降分别是5%和8%。面对如此情况，宝洁采用了许多战略转型措施，但是销售业绩依然惨淡。在中国美容美发和个人护理市场，尽管宝洁的市场份额仍排名第一，但已逐年下跌，从2009年的15.2%降至2014年的12.7%。而排名第二的欧莱雅集团却步步紧追，同一时期的市场份额从7.8%逐年增至9.6%；在中国居家护理市场，宝洁2010～2015年的市场份额则从7.3%一路跌至6.6%。宝洁也在重新审视中国市场的需求，时任宝洁CEO的雷富礼2015年在接受媒体采访时反思，宝洁过去将中国消费者误判为一群“节俭的中产阶层”，从而将母婴高端市场拱手送给了日本品牌。然而，高端品牌必须在产品本身和广告、包装上都与众不同，在实用性和情感性两个方面对消费者做出双重承诺。宝洁也不是没有尝试过高端化，它一直在做产品升级，但大多数都不太成功。

2005和2015年宝洁不同层级产品对企业增长的贡献

市场层级	2005财年	复合增长率（2000～2005）	2015财年	复合年均增长率（2010～2015）
超高端	6%	94	24%	130
高端	21%	106	35%	118
中端	31%	117	27%	107
低端	42%	109	14%	97
总计	100%	109	100%	112

数据来源：根据企业公开年报整理

2013年宝洁调整广告投放策略，将数字广告的占比提升至35%，并表示“数字媒体效果极好，我们将加大投入”。然而数字广告的效果并不尽如人意。从2015年开始，宝洁不断反思自己的广告投放策略，媒介购买公司Mediassociates的副总裁Ben Kunz也称，像宝洁、联合利华这样拥有诸多子品牌的大广告客户，正在重新思考传统大众媒介的价值。“考虑到最近关于效果数字造假的丑闻，以及数字广告的质量，大众消费品品牌在考虑回归传统渠道进行投放。”根据第三方检测公司MediaRadar发布的数据，宝洁在数字广告上的花费正在大幅减少，2017年数字广告预算减少了41%。在2016年1月至5月期间，宝洁总共在1459个网站上投放了广告，但2017年这个数字下降了33%，为978个。

然而，宝洁的反思来得有些太迟了。中国的电视屏幕已经容不下这位“末代皇帝”，能够获取大量消费者注意力的优质资源早就被牢牢握在具有眼光的企业手中，它们是了解中国消费者的本土企业，并且正在不断扩张自己的消费版图。

（注：本案例参考《界面》等媒体相关报道）

三、透过品牌看媒体能力

品牌建设离不开媒体。中国有世界上最多样化的媒体类型和最复杂的媒体结构，有420万个网站、3200多家电视台、超过1万家刊物和报纸，同时中国媒体环境变化迅速且难以预测，仅这两年火爆的直播类APP就不下200个。然而复杂和多样化的媒体生态也带来很多新的变化和问题。过去两三年，中国媒体圈都过得非常不容易，可以用两个词来概括这个不容易：一个词是“乱”，指我们整个媒体行业繁荣背后实际是一个乱象，是新媒体试图颠覆既有媒体格局，原有格局遭到挑战的同时，新秩序尚未建立而呈现出的众声喧哗的乱局。乱局的背后是是非难辨、真假不明、邪正难分的乱象。

另外一个词是“焦虑”。不仅媒体界在焦虑，媒体从业人员在焦虑，广告人在焦虑，企业家也在焦虑，企业品牌总监们更焦虑。这个现象也引发了中央高层对媒体环境、舆论环境的忧思。因此，我们看到中央下大决心、花大力气对媒体环境进行整顿，是始自于习近平总书记2013年以来屡屡对媒体和传播领域做出重要讲话和指示。

正是在这样的背景下，作为国家电视台的从业者更加需要好好思考一番：社会需要什么样的媒体？国家需要什么样的媒体？企业需要什么样的媒体？媒体应该向社会传达什么样的信息和价值观？

链接 政府部门对媒体乱象的整治

2017年6月7日，北京市网信办依法约谈微博、今日头条、腾讯、一点资讯、优酷、网易、百度等网站，责令网站切实履行主体责任，加强用户账号管理，积极传播社会主义核心价值观，营造健康向上的主流舆论环境，采取有效措施遏制渲染演艺明星绯闻隐私、炒作明星炫富享乐、低俗媚俗之风等问题。随后，微博等网站关闭了“风行工作室官微”“全明星探”“中国第一狗仔卓伟”“名侦探赵五儿”“长春国贸”“娱乐圈揭秘”等一批违规账号。这些被查封的违规账号都是“狗仔队”，以跟拍娱乐明星为主，爆料的内容大多是明星私生活，炒作各种绯闻、传闻、炫富、出轨等，甚至公开造谣、抹黑，违规发布各种不良信息，以吸引粉丝眼球、挑起舆论争斗为目的，从而凭借高关注度获利。对于这些有违规行为的账号，依法予以关闭，乃是为了净化网络空间，提醒自媒体要规范经营，不得超越法律界限，不得践踏社会道德底线。

链接 习近平总书记对媒体发展的指示

“着力打造一批形态多样、手段先进、具有竞争力的新型主流媒体，建成几家拥有强大实力和传播力、公信力、影响力的新型媒体集团，形成立体多样、融合发展的现代传播体系。”

——2014 年 8 月 18 日，习近平总书记在中央全面深化改革领导小组第四次会议中的重要讲话

“文艺工作者要自觉坚守艺术理想，不断提高学养、涵养、修养，加强思想积累、知识储备、文化修养、艺术训练……认真严肃地考虑作品的社会效果，讲品位，重艺德，为历史存正气，为世人弘美德……”

——2014 年 10 月 15 日，习近平总书记在文艺工作座谈会上的讲话

“新闻舆论工作各个方面、各个环节都要坚持正确舆论导向。各级党报党刊、电台电视台要讲导向，都市类报刊、新媒体也要讲导向；新闻报道要讲导向，副刊、专题节目、广告宣传也要讲导向。”

——2016 年 2 月 19 日，习近平总书记在北京主持召开党的新闻舆论工作座谈会并发表重要讲话

“广大文艺工作者要做真善美的追求者和传播者，把崇高的价值、美好的情感融入自己的作品，引导人们向高尚的道德聚拢，不让廉价的笑声、无底线的娱乐、无节操的垃圾淹没我们的生活。”

——2016 年 11 月 30 日，习近平总书记在文联十大、作协九大开幕式上的重要讲话

“高度重视传播手段建设和创新，提高新闻舆论传播力、引导力、影响力、公信力。”

——2017 年 10 月 18 日，习近平总书记在中国共产党第十九次全国代表大会上向大会作的报告

1. 负责任的媒体才有公信力

媒体作为“无冕之王”，在享受公众传播权利的时候，也要承担重要的社会责任，只有负责任的媒体才能得到大众的认可。媒体的责任心体现在不违法、不传播假消息、不制造恐慌，责任心体现在传播有利于社会和谐、经济发展的正能量信息。聚焦到广告营销层面，就是不传播违法广告、虚假广告，保证广告讯息的真实有效，媒体广告要想进行品牌传播，最基本的就是保证广告的真实。

根据国家工商行政管理总局广告司的数据，2017年全国共查处广告违法案件32，510件，同比增长39.6%；其中虚假广告同比增长61.4%，非法经营广告案件1,767件，同比减少14.7%。2017年广告违法案件数量排前三位的媒介是网络、户外和印刷品。其中，网络广告违法案件14，904件、户外广告违法案件4，895件、印刷品广告违法案件3，103件。与2016年相比，网络广告违法案件增长了1.68倍，是影响广告违法案件数量增长的主要因素。从互联网广告分类来看，互联网服务类广告占比93.67%，其中电子商务广告302万条次，其他互联网服务广告646.95万条次。电视媒体情况总体良好，尤其是中央级电视媒体，其所检测广告的违法率均低于省级、地市级电视媒体。

广告司对违法案件的查处直接反应在大众对媒体的信任度上。群邑山海今“2017中国媒介趋势”调查报告显示，互联网及相关广告的信任度最低，即使近两年在国家大力整治下大众对互联网广告的信任有所提升，但互联网整体还是处在最末端，与最受大众信任的电视广告和品牌广告差距甚远。

品牌选择了什么样的媒体，就与这个媒体的格调相挂钩，那些为了“舆论效应”不惜挑战大众和法律底线的媒体，往往会给大众留下负面而消极的印象。负有责任的媒体才有公信力，品牌选择怎样的媒体，就是在向大众传递自己有怎样的社会担当。

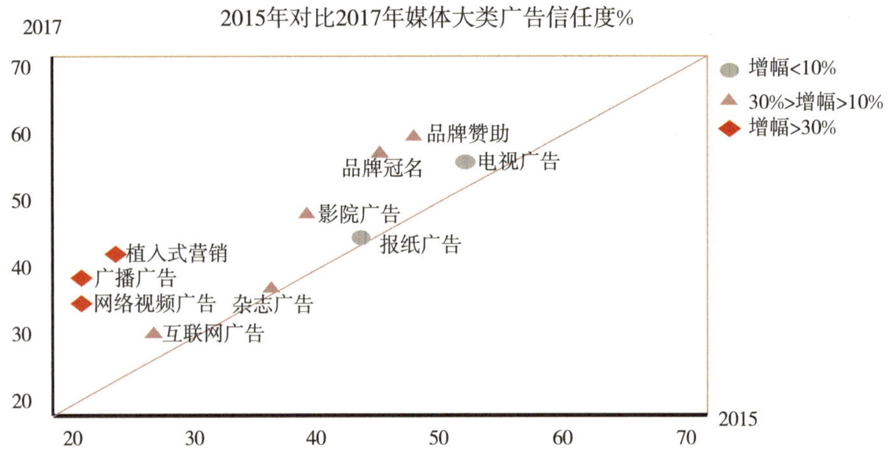

*品牌赞助体育赛事或音乐会品牌冠名的综艺娱乐节目

数据来源：群邑山海今“2017 中国媒介趋势”调查报告

2. 拥有话语权的媒体才有影响力

话语权对受众的控制不是通过军队、警察、司法等外在强制来实现的，而是通过话语受众的自觉认同来实现的。世俗权力强调支配人的行为，话语权则强调教会人如何思考。尽管话语权的主体带有模糊性，但毋庸置疑，媒体是拥有话语权的特殊机构。因此，媒体更应该谨慎于、负责任于这种权力的运用，而不能将社会公器变为谋私利、泄私愤的工具，更不能成为迎合低俗的平台。

随着新媒体的迅速发展，如今“人人都是通讯社、个个都有麦克风”，数亿网民竞相发声、此起彼伏，互联网空间的无限容量、内容的瞬息万变与传播的互动影响，使我们面临前所未有的舆论环境："声音小"，很快便被吞没；"声音短"，很快便会沉没；"真声音"发不出来，谣言就会四起。[①]这样的媒体秩序无疑会导致媒体快速崛起和快速消亡，更会导致人人自危。

话语权代表了对议程的设置，代表了对话题的引导力。古斯塔夫·勒庞在《乌合之众》中就论述了媒体的话语权和影响力："报业既然成为仅仅提供信息的部门，它便放弃了让人接受某种观念或学说的努力。它在公众思想的变化中随波逐流，出于竞争的必要，它也只能这样做，因为它害怕失去自己的读者。"也就是说，媒体如果失去了对问题的思考、对社会问题的探究、对舆论话题的引导，而一味地迎合受众，那么必然导致自己话语权的衰落和影响力的减退。

近年来"将军坟前无人问,戏子家事天下知"的社会病态舆论现象严重，"明星恋爱致网络瘫痪"事件屡屡发生，综艺节目、电视剧、电影非流量明星不用，导致明星身价虚高、社会风气浮躁低俗。不少人为了博眼球、求出名，不惜触碰社会红线，"粉丝偷拍明星""整容上瘾"等光怪陆离的现象不断挑战着人们的道德神经。

与此形成鲜明对比的是中央电视台，在这几年，《中国诗词大会》《中国成语大会》《朗读者》《中国舆论场》等多档文化类节目陆续开播，节目虽无大牌明星、流量鲜肉，但是仍然火爆荧屏，不仅收视和关注度居高不下，还赢得了观众的如潮好评，有力地引导了民众对中国传统文化的关注，有力地传播了中国传统

① 余谓之. 有理也须声高[N]. 光明日报，2017-05-07.

文化中优秀的核心思想和理念，比如讲仁爱、守诚信、崇正义等，并形成了社会中一股强劲的向优秀传统文化汲取成长力量的热流。

对话语权的争夺，其实就是对价值观的争夺；反之亦然。品牌的价值主张其实就是媒体的价值主张。对社会形成正向影响力的媒体才是真正的主流媒体，只有主流媒体才会坚决捍卫主流价值。品牌选择什么类型影响力的媒体，就是选择向目标用户传递什么样的品牌价值观。

3. 引领导向的媒体才有引导力

从最近的媒体动态来看，主流媒体和网络媒体之间的关系必将是新时代最重要的一对媒体关系。网络媒体与主流媒体将经历四个阶段：第一阶段是离散态，你干你的，我干我的；第二阶段是追逐态，我想成为你，你却不太想成为我；第三个阶段是融合态，我正在成为你，你开始靠拢我；第四个阶段是一体态，就是习总书记指出的：你就是我，我就是你。目前已经进入第三阶段，事情正在起变化。近来，我们看到有关部门不断加强对网络媒体的治理，民间主动拥抱官方，两个舆论场协同作业的大趋势正在发生，这背后的管理逻辑就是“构建网上网下同心圆”，引导各种媒体平衡、充分发展，共同肩负起作为媒体的责任和担当。

为什么网络媒体开始向主流媒体靠拢？为什么主流媒体成了网络媒体学习的风向标？正是因为主流媒体有导向、守良知，它不哗众取宠、不唯利是图；它有文化、讲导向，认真严肃地把握传播内容的社会效果；它有品位、崇艺德，为历史存正气，为世人弘美德。习近平总书记在2014年文艺工作座谈会上的讲话就指出，文化自信是最根本的自信。“远人不服，则修文德以来之”，以德服人、以文化人，这也是主流媒体在新时代传播格局中立于不败之地的核心竞争力。

媒体的导向投射于品牌的社会责任之中，就是品牌品质、品位、品格的外化。

4. 创造价值的媒体才有传播力

一个媒体自身需要拥有强大的原创动力，源源不断地为观众的文化生活出精品，始终能够在满足人民日益增长的文化需求和精神愉悦的同时，引导和提升受众的精神品格和物质品质。这样做的媒体才具有传播力。

创造价值的媒体是社会价值的提供者。作为主流媒体，拥有数万名术业有专攻的记者、编辑，每天为数亿观众提供有价值的政商信息，《新闻联播》《焦点访谈》等是人们知晓中国、了解世界的重要窗口，更是企业经营、个人理财的要诀之一。主流媒体是国家核心价值的传播者和守护者，它们是内容的生产者、信息的发布者；它们不是信息的搬用工；它们有主张、讲导向，拥有火眼金睛，分得清善恶，看得清良莠；它们服务但不迎合，它们传递温暖、传递力量，也传递快乐，但绝不传递低俗庸俗。

创造价值的媒体是原创内容的制作者。思想性、艺术性、观赏性“三性统一”是优秀作品的标准，创作生产更多优秀文艺作品是主流媒体的价值体现。在众声喧哗的今天，那些跳脱出小圈子潮流，寓教于乐，广大观众愿意看、愿意相信的优质内容才是弘扬中国精神世界的主流内容，也是人们热切谈论的社交话题。《中国诗词大会》《朗读者》等一经中央电视台播出，就成为人们津津乐道的话题，更吸引了网络媒体主动传播。

媒体的传播力，不是一时的哗众取宠，而是绵长的社会建设能力，它的强弱决定了企业品牌力的强弱。

第二章　科学研究

“木秀于林，风必摧之”，2015年前后媒体圈盛行唱衰电视风，在这股歪风中，央视处于被唱衰的风暴眼中心。那么大众对央视的印象究竟是怎样的？央视对于品牌的拉动效果真的在减弱吗？基于这两个疑问，我发起组织了两项科学研究来找寻答案。

我们与厦门大学和大正市场研究共同开展了研究项目“2016媒体广告效果研究报告”，带头人陈富国是Interbrand品牌价值评估体系的设计者，Interbrand品牌榜单是中国大多数企业衡量自身品牌价值的重要指标。媒体质化效果研究是在问卷调查的基础上，在实验环境下模拟市场，以媒体为单一变量进行的研究，同时利用国际上流行的联合分析法，探索媒体对产品销售的真实带动力。

为了探知人们内心最真实的想法，我们找到了北京师范大学心理学部的部长刘嘉教授，实施“媒体品牌对用户认知与广告传播的效应—基于磁共振脑功能成像的神经营销学研究”项目，通过磁共振脑成像技术，扫描人们脑海中的真实反馈信号，探究人们对央视的真实印象和央视对品牌传播的影响。

一、消费场景里的玄机

品牌主都很关心广告投放效果问题。媒体在与品牌主沟通时，都会强调媒体到达率（收视率），媒体到达率描述的是有多少人看到广告，但该媒体的广告投放是否产生了品牌主所期望的购买驱动却不得而知。针对这一问题，2016年我发起组织了“2016媒体广告效果研究报告”课题项目，由中央电视台广告经营管理中心委托厦门大学品牌与广告研究所、上海大正市场研究公司共同开展该项目的研究。

本次研究以问卷的形式进行定量研究，共分为6部分，第一部分为甄别问卷，第二部分为联合分析，第三部分为媒体质化效果评估，第四部分为媒体品牌形象评估，第五部分为媒体习惯问题，第六部分为其他问题。被访者平均回答时间为40分钟。主体样本6,600、追加样本100（广州60、郑州40），共计6,700。研究团队通过定量研究，以厦门大学和上海大正市场研究公司的“电视台/新媒体平台”的模型结构为基础，采集新的数据，更新与完善模型结构，获取2016年各电视台/新媒体平台的广告效应系数，从而评估媒体品牌在受众心中的形象，探索影响媒体广告质化效果的因素。

本次研究有两个亮点：

亮点一：通过模拟消费场景，结合定量研究，使用国际上最为先进的联合分析法来预估媒体品牌带来的商业效果，这个商业效果具体体现在品牌溢价能力以及品牌偏好份额上。

亮点二：通过定性访谈，结合定量研究，丰富完善媒体品牌在受众心中的形象。

1. 广告质化效果比较

在本次研究中，我们从全新的角度出发，直接测量媒体平台的“广告投放质化效果”。广告投放质化效果定义为：“媒体品牌广告投放质化效果代表的是由媒体品牌各个特征所激发的消费者关于广告品牌的印象，并且由这个印象引发的对广告品牌的购买倾向。”换句话说，我们要回答这样一个问题：一条广告，同样的内容、制作和投放方式，投放在不同的媒体平台上，产生的购买倾向差异是什么？

实验设计：在问卷中，我们模拟消费场景，让消费者在不同的场景中，在离散型变量中做出消费选择。这种选择方式不同于传统研究总是试图让消费者对自己的态度打分的做法，而是直接观察消费者的选择结果。消费者不一定会评分，但一定会做选择，因为消费就是选择。

在此我们以牙膏为例来简要说明实验设计原理：

首先，我们虚拟了一个牙膏品牌，这个品牌市场上没有，超市里也买不到。

其次，我们将消费者分为33个组，分别告诉他们，这个牙膏品牌最近3个月都在某个媒体播放广告，不同组别的消费者收到的是不同媒体的信息。比如，一个组收到的是“该品牌在央视1套连续投放了3个月，并且未来继续投放”，另一个组收到的是“该品牌在湖南卫视连续投放了3个月，并且未来会继续投放”。

然后，我们再测量每个组对这个牙膏品牌的购买概率（即行为倾向），这个购买概率之间的差异，即可理解为是广告投放质化效果所带来的差异。

具体做法如下

（1）构建模型：将牙膏产品拆分成品牌、价格两个属性，模型中涉及5个品牌、5个价格点，可以组合成25个产品；

（2）购买模拟：每次随机从25个产品中抽取4个产品，让消费者从这4个产品里选择他更倾向于购买的1个；然后再从25个产品中随机抽取4个产品，再次选择；总共重复10次左右；

（3）分析计算：根据消费者的每一次选择，计算每个产品被每个消费者选中的概率，然后集成到总体层面，获得每个品牌的总体偏好份额。

实验问题示例

在实际调研中，我们通过如下的问题来收集联合分析数据。

背景介绍

您刚才提到，没听说过白与白牙膏，我为您简单介绍一下：这款牙膏最近3个月在（随机选择一个消费者观看的媒体平台）经常播放广告，未来也还将继续播放广告，并且同时在各大/小超市及电商平台都有售卖。

问题

（1）假如您现在打算购买牙膏，在下面这几种产品中，您最有可能购买哪种呢？当然，如果这几种产品您都不喜欢，也可以选择“以上产品我都不会购买！”

（2）现在请您仔细比较一下这4种产品，假设它们的外观、功能、规格均符合您的需求，请做出选择；如果您觉得这4种产品都不喜欢，请选择“以上产品我都不会购买！” 【单选】

产品1	产品2	产品3	产品4
云南白药 14元/支 ○	黑人 12元/支 ○	佳洁士 10元/支 ○	白与白 12元/支 ○
○以上产品我都不会购买			

【在实际调研中，每个消费者将重复做大约10次选择，每一次选择面对的都是不同的品牌和价格的组合】

实验结果

我们取酸奶、牙膏、感冒药、洗衣机、运动鞋5个品类的虚拟品牌在不同媒体背景下所获得的购买倾向均值，得到媒体品牌广告质化效果如下图所示。图中所有的单位为百分比，即消费者对广告品牌的偏好份额。假设在充分竞争的市场条件下，该偏好份额接近市场份额。

央视总体领跑众媒体品牌，对广告的质化效果毋庸置疑，其中，央视1套、央视2套、央视3套分列前三名，央视14套和央视网相较于其他央视频道表现稍弱；其他一线卫视（湖南卫视、东方卫视、浙江卫视、江苏卫视、北京卫视）分列第二集团；新媒体整体排名靠后。

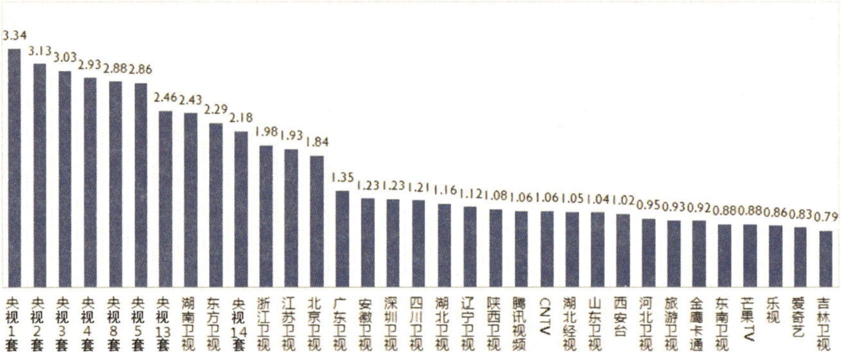

电视及新媒体的媒体质化效果

（数据单位：%）

质化效果数据可以视为：在不考虑铺货、价格等其他因素，只考虑在不同媒体播放广告的前提下，市场上全新的虚拟品牌能够获得的购买概率（即行为倾向）。

在上图中，以央视1套和陕西卫视为例，虚拟品牌在陕西卫视投放广告可以获得1.08%购买概率（在充分竞争的条件下，偏好份额无限接近市场份额）；而在央视1套投放广告则可以获得3.34%的购买概率，是陕西卫视的3.09倍。所以，对于投放广告的品牌而言：在央视1套投放广告所获得的收益将是在陕西卫视投放的

3.09倍，也就是说央视1套的广告质化效果是陕西卫视的3.09倍。同理可得，在央视1套投放广告所获得的收益是爱奇艺的4倍。

将不同媒体归类进行对比（如下图），发现总体来看央视在广告质化效果上表现突出；央视和一线卫视与其他媒体拉开了一定差距，这同时也意味着一线卫视在成长，央视要持续关注它们的变化；而新媒体虽然近年来势汹汹，得到了众多年轻受众的青睐，但质化效果却并不理想，与央视相差甚远。对比而言，在央视整体投放所获得的收益是新媒体的4倍。

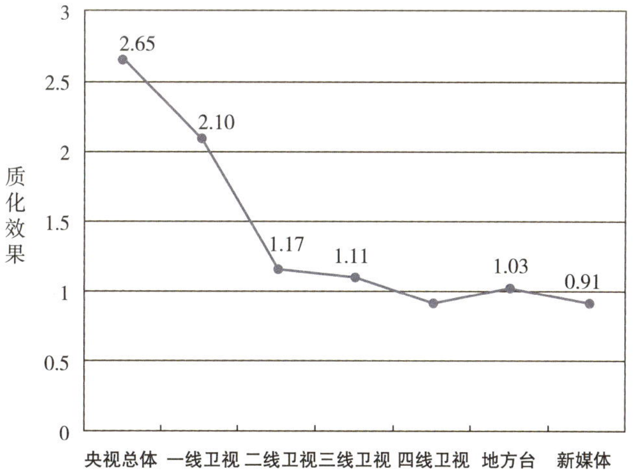

不同类型媒体的质化效果

注：依据媒体收视份额和媒体类型不同，将媒体分为以下几类：

央视总体包含：央视1套、央视2套、央视3套、央视4套、央视5套、央视8套、央视13套、央视14套、CNTV

一线卫视包含：湖南卫视、浙江卫视、江苏卫视、北京卫视、东方卫视

二线卫视包含：山东卫视、安徽卫视、湖北卫视、深圳卫视

三线卫视包含：金鹰卡通、广东卫视、四川卫视、辽宁卫视、河北卫视

四线卫视包含：东南卫视、吉林卫视、陕西卫视、旅游卫视

地方台包含：西安台、湖北经视

新媒体包含：爱奇艺、腾讯视频、乐视、芒果TV

质化效果与收视水平相关，与媒体品牌也相关

质化效果总体上与收视水平趋近，两组数据相关度高达0.796，但仍有几点需注意：央视多数频道在高收视的同时也拥有较高的质化效果；央视2套、央视14套虽然收视表现不突出，但背靠央视国家平台，质化效果仍然维持在较高的水平上；湖南卫视、浙江卫视收视虽高，但在质化效果上表现并不突出。

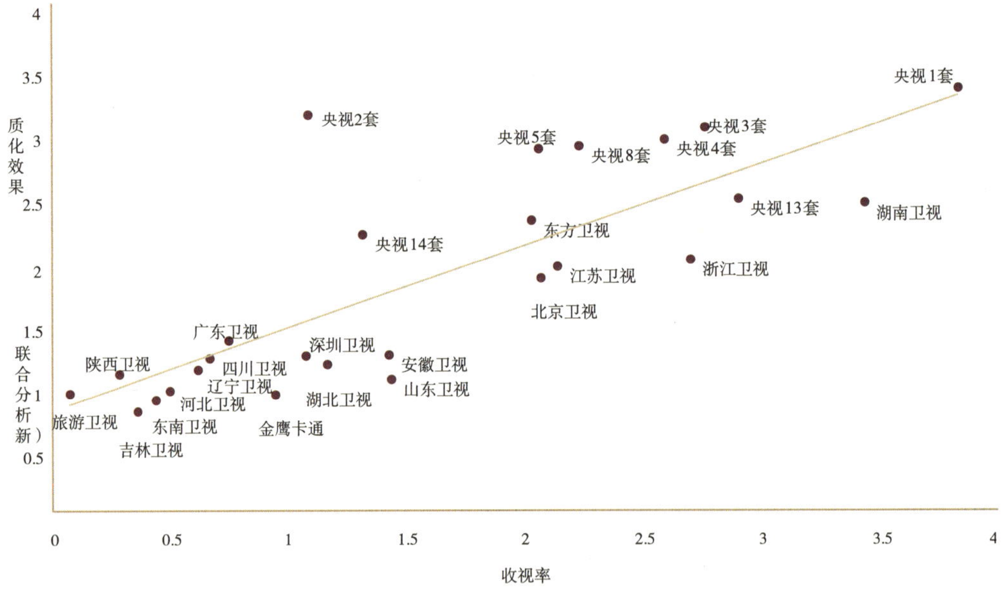

不同媒体的质化效果与收视水平的关系

央视质化效果高于其他层级媒体，不同产品品类效果不同

将不同媒体归类进行对比，我们发现总体来看央视在广告质化效果上依然表现突出，明显高于其他层级媒体。从不同产品品类的角度来看，央视对于感冒药广告的质化效果高于其他品类，其次是牙膏和洗衣机，再次是酸奶和运动鞋。其他卫视和新媒体对于不同品类的广告质化效果没有明显差异。

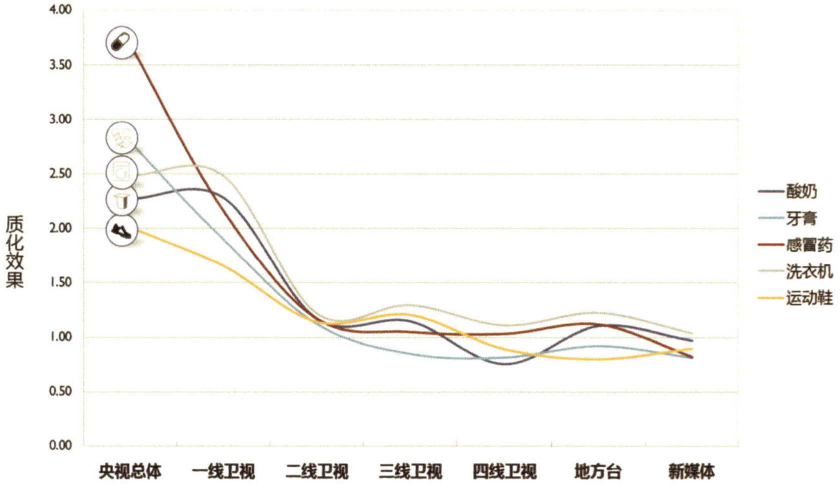

不同媒体对于不同产品品类的质化效果存在差异

（数据单位：%）

注：依据媒体收视份额和媒体类型不同，将媒体分为以下几类：

央视总体包含：央视 1 套、央视 2 套、央视 3 套、央视 4 套、央视 5 套、央视 8 套、央视 13 套、央视 14 套、CNTV

一线卫视包含：湖南卫视、浙江卫视、江苏卫视、北京卫视、东方卫视

二线卫视包含：山东卫视、安徽卫视、湖北卫视、深圳卫视

三线卫视包含：金鹰卡通、广东卫视、四川卫视、辽宁卫视、河北卫视

四线卫视包含：东南卫视、吉林卫视、陕西卫视、旅游卫视

地方台包含：西安台、湖北经视

新媒体包含：爱奇艺、腾讯视频、乐视、芒果 TV

2. 影响质化效果的因子

前文中，我们已经测量和评估出消费者在不同媒体平台上的购买倾向。那么，是什么因素影响了不同媒体的质化效果大小？在定量研究成果的基础上，结合定性研究的结果，我们深入了解了消费者对媒体品牌、媒体广告的具体认知。两者相结合，形成了本次研究中消费者对媒体品牌的印象。

(1)影响因子分级及结构方程建模

我们将影响因子分为两级：一级因子直接影响媒体的质化效果，二级因子通过影响一级因子，间接影响媒体的质化效果。我们通过结构方程建模，将影响因子数字化，每一个影响因子按照其贡献的大小被赋予一定的系数，这些系数最终成为我们量化考虑媒体品牌和媒体质化效果的基础数据。

一级指标上，从系数大小我们可以得出结论：质化效果最主要的影响因素是冲击力、社会责任感和广告效果、专业性；其次是高端感和国家态度形象的代表性；再次是趣味性和活力。同样，根据系数大小我们在二级指标上可以得出结论：媒体专业性是影响专业性的主要因素，其次是知识性和品质感；正直感是影响社会责任感的主要因素，其次是广告审查；广告制作是影响广告效果的主要因素，其次是广告播放和广告内容。

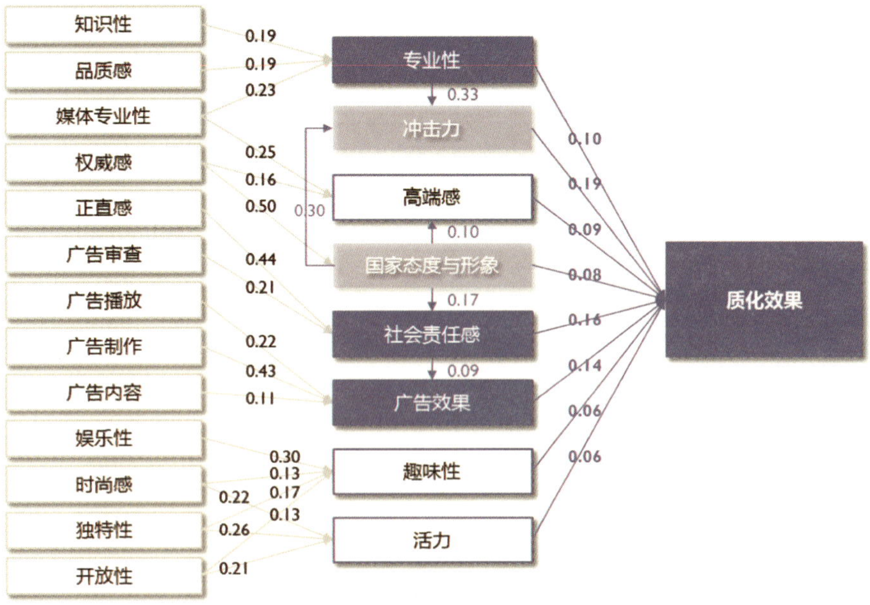

影响分子分级及结构方程建模示意图

(注：图中系数为各因子对上级因子的贡献)

(2)央视优于其他媒体的影响因子

从前文可以看到，央视在质化效果上表现突出，与其他媒体拉开了一定的距离。这个优势从何而来？上表显示，央视在冲击力、专业性、高端感、国家态度与形象、社会责任感、广告制作、独特性等指标上表现优势明显，而这其中，冲击力、社会责任感和广告效果、专业性正是质化效果最主要的几个影响因素。具体到二级因子，央视总体来说在媒体专业性、知识性和广告审查这几个要素上具有明显优势，其次是正直感，再次是广告制作。

		央视	一线卫视	二线卫视	三线卫视	四线卫视	地方台	新媒体
冲击力		**1.35**	**1.54**	1.01	0.75	0.60	0.85	0.90
专业性	知识性	**1.66**	0.85	0.96	0.73	0.93	1.17	0.69
	品质感	**1.35**	**1.56**	0.96	0.73	0.71	0.74	0.95
	媒体专业性	**1.56**	0.97	1.14	0.72	0.79	**1.23**	0.60
高端感	权威感	**1.66**	**1.22**	0.86	0.70	0.91	0.77	0.88
	正直感	**1.38**	1.04	1.13	1.05	1.08	1.02	0.30
国家态度与形象	广告审查	**1.59**	0.95	1.11	0.72	0.82	1.19	0.60
社会责任感	广告播放	0.85	1.07	**1.54**	0.66	0.68	**1.33**	0.86
	广告制作	**1.30**	1.14	**1.32**	0.58	0.67	**1.29**	0.70
广告效果	广告内容	1.13	**1.50**	**1.21**	0.68	0.79	0.56	1.11
	娱乐性	0.46	**1.48**	1.01	0.93	0.92	0.86	**1.34**
趣味性	时尚感	0.78	**1.54**	0.90	0.82	0.90	0.66	**1.40**
	独特性	**1.43**	**1.40**	0.82	0.59	0.74	0.86	1.17
活力	开放性	0.81	**1.63**	1.14	0.64	0.83	0.81	1.13

各媒体在不同指标上的消费者评分指数

（注：以上数据是各媒体在不同指标上的消费者评分指数，用以诊断媒体在影响质化效果的各个指标上表现如何，与媒体质化效果数据不可直接比较。表中指数在1.20以上的均用红色加粗字体呈现。）

(3)媒体品牌在受众心中的印象差异

我们通过对应分析图来理解媒体品牌之间的差异：属性点越靠近某个品牌，说明这个品牌与这个属性之间的联系越紧密；属性间的距离越近，表明二者间的相似性越强。同样，各品牌之间的相似性也可以这样理解：离坐标原点越远的特性，其在品牌间的差异表现得越显著，即对品牌的区隔力越强。此外，通过定性访谈得出的结论，对分析图来说是生动的补充，可以帮助我们更好地理解媒体品牌在受众心中的印象差异。

媒体节目差异

当我们聚焦媒体之间在节目印象上的差异时可以看到，越往右边走，如湖南卫视、浙江卫视、爱奇艺等，节目风格越是轻松有趣、开放性越强；越往左边走，如央视大多数频道，节目风格越是专业严谨有内涵、知识性强。以下展示部分定性研究访谈结果：

“中央电视台的新闻都是最快的、最真实的，报道最全面，我关注就是这些方面。”（武汉，G1）

“中央电视台节目品位还稍微高一点，低俗的成分少一点，有一些文化内涵，对我们日常生活还是有一些帮助。”（武汉，G3）

“现在发生一个大事件，肯定会看中央电视台，因为它的准确性（最高）。”（绵阳，G2）

“湖南台的节目综艺种类变多了，都是自己产的，娱乐性上比以前更加大胆开放一些，比较适合于年轻人。”（北京，G2）

“浙江出的综艺节目都比较搞笑，特别明星做的那些事都觉得比较搞笑，还经常邀请观众一块玩。”（武汉，G1）

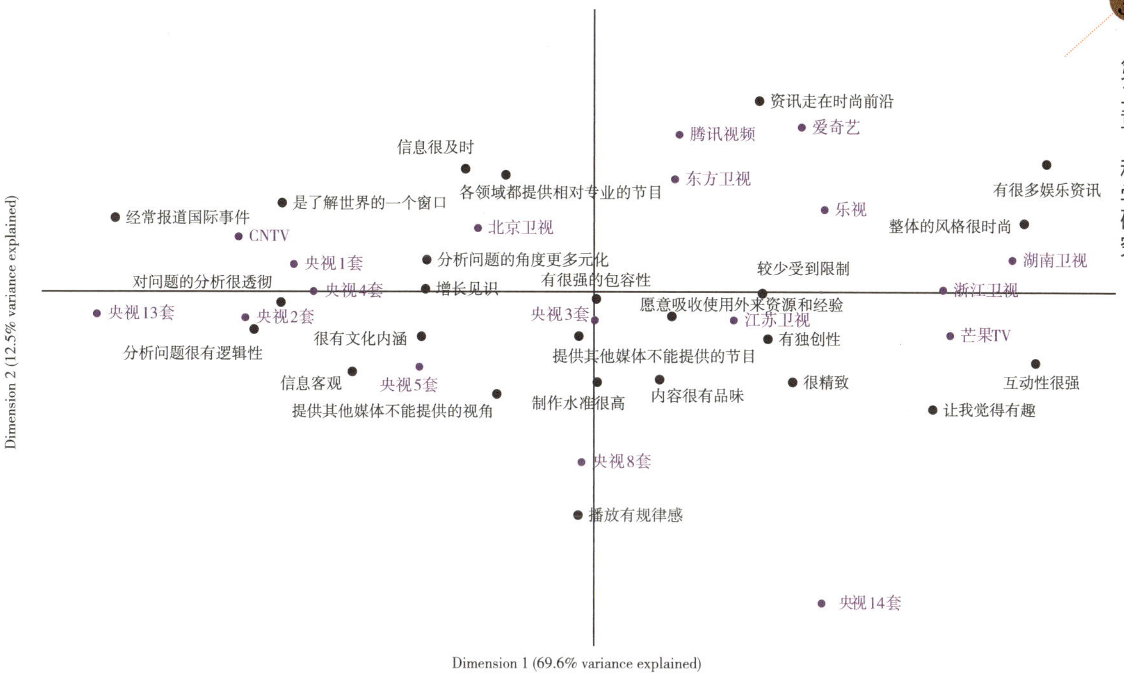

受访者对各媒体节目的印象差异

媒体形象差异

在媒体自身形象上，依托央视的国家背景，央视各频道（14套除外）表现出强大的权威感、冲击力和社会责任感，受众层次也相对较高；在其他媒体中，北京卫视和东方卫视相对更靠近央视的形象。以下展示部分定性研究访谈结果：

“中央电视台本身就是一个国家电视台，等于是国家的口舌，是一个国家发出的声音，代表着国家，不是代表个人也不是代表地方。”（北京，G3）

“看中央电视台的人都是有一定阅历和层次的。”（北京，G3）

“中央电视台有资源可以请到这个行业里面最顶尖的专家，地方台不一定请到他。”（武汉，G2）

“江苏卫视感觉经济实力非常强大。跨年会明星阵容很强大。”（武汉，G1）

“东方卫视很有档次感，从节目的制作上来说，它不是那种很低俗的，看的人应该也比较有素质，觉得这个节目应该还可以。”（武汉，G2）

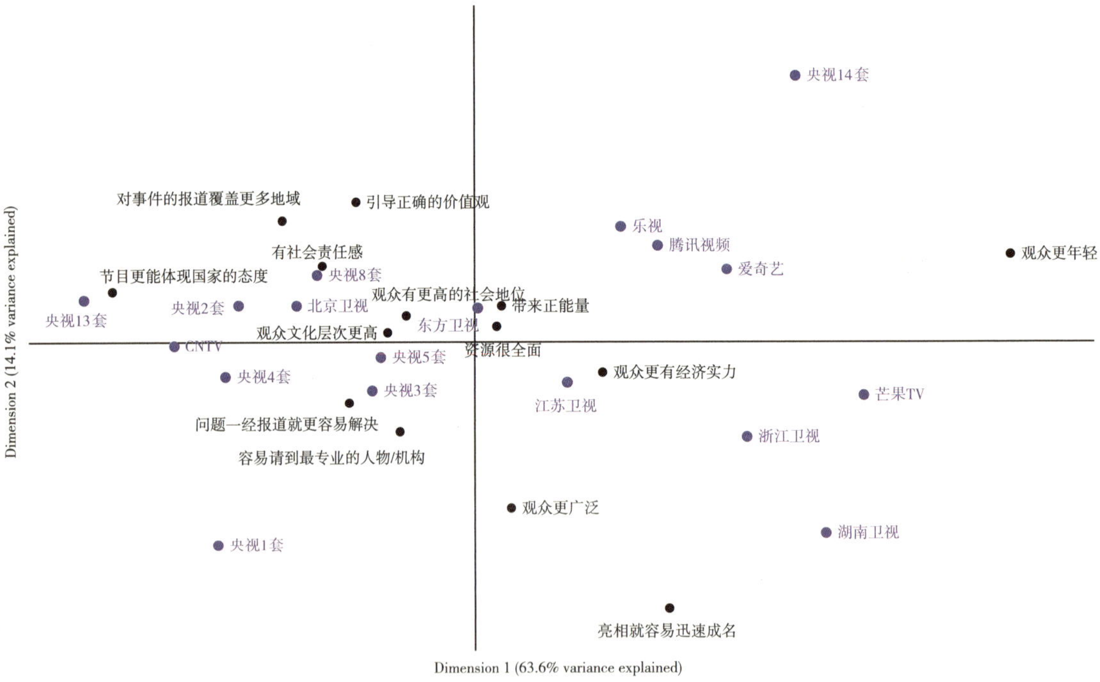

各媒体在受访者心中呈现的形象差异

媒体个性差异

将媒体拟人化，可以发现北京卫视的个性与央视的多数频道比较接近：正直、稳健、理性。央视5套由于是体育频道，“激情”的印象深入人心；央视3套和央视14套的个性相对温和与温暖；而湖南卫视、浙江卫视以及新媒体的个性则相对更有活力、更搞笑。以下展示部分定性研究访谈结果：

“中央电视台感觉像家里面的大哥，坐镇的，责任感比较强，比较正直、沉稳一点。”（北京，G2）

“有些直播像前一阵子奥运什么的，中央5方便一些，效果要好一些。看比赛嘛，一家人在一块儿看会比较有感觉、有激情。”（武汉，G3）

“中央电视台可能比其他节目的综艺台，要更高档一些。”（绵阳，G2）

“湖南卫视特别欢快活泼，更外向一些。”（北京，G2）

“北京卫视相对比较成熟稳重一些。”（北京，G3）

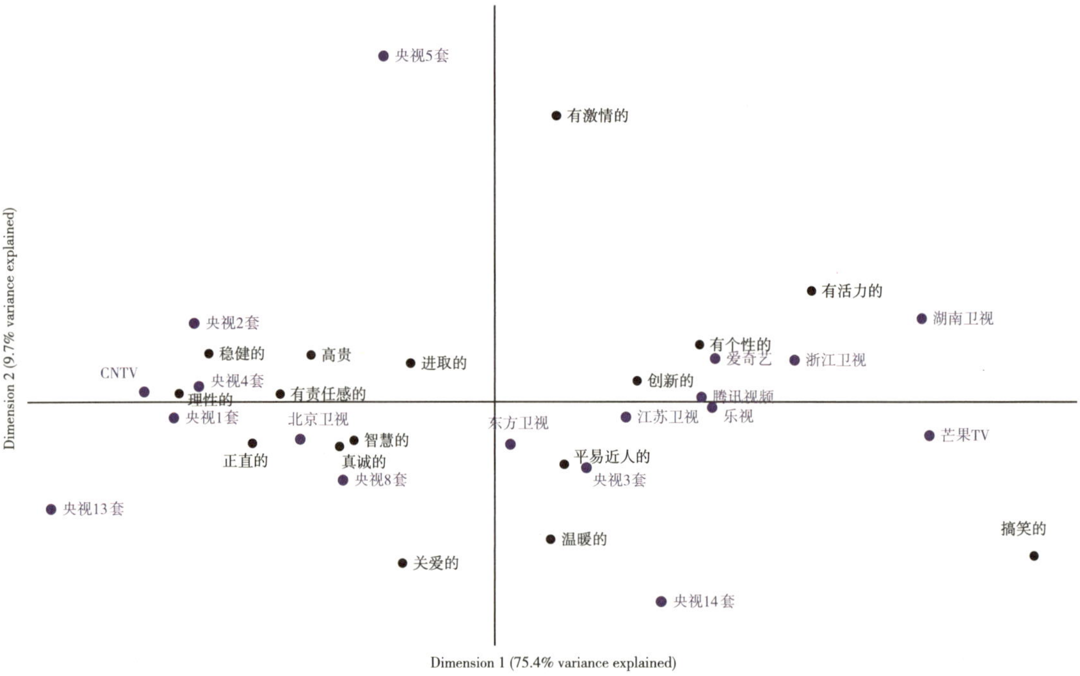

受访者对各媒体个性的认知差异

媒体上所投放的广告差异

聚焦来看在媒体上投放的广告的差异，可以发现央视和北京卫视的广告相对审查更严格、制作水准更高。央视14套的广告趣味性更高；而湖南卫视、腾讯视频则让人感觉同一条广告播放密度大，广告总体密度也高。以下展示部分定性研究访谈结果：

“小电视台广告做的特别花哨，不值得相信，我还是相信中央电视台，相对更严谨一些。”（北京，G1）

“中央电视台打的广告更值得让人信赖一点，因为你能上电视，有钱，也说明你有效益；第二，中央电视台是国家机构，肯定去审核你的资质。”（绵阳，G1）

“中央电视台做品牌的，地方台做产品的。”（北京，G3）

“中央电视台广告严谨，它在播片子之前它自己会预先看一遍，或者审一遍。”（武汉，G2）

“地方台还有很多乱七八糟的广告，不停地在放，比较烦，中央电视台广告的频率少一些，不影响我看电视的心情。”（武汉，G3）

“我以前喜欢看腾讯，但是现在广告越来越长了。”（武汉，G1）

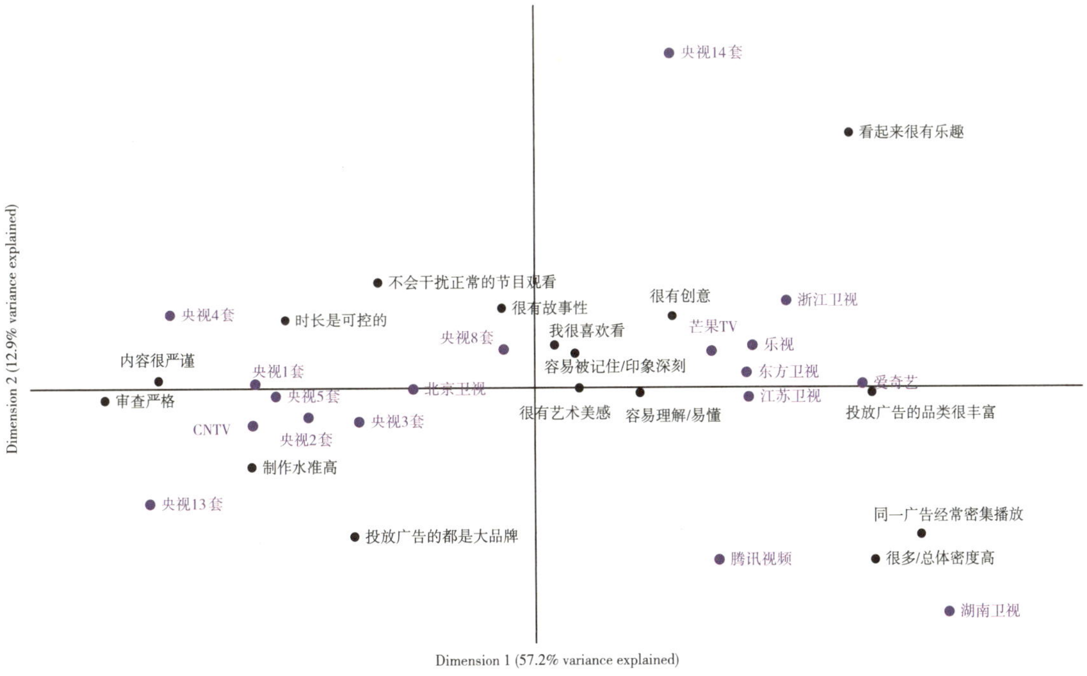

受访者对各媒体广告的印象差异

附1：定量数据采集方法

主体样本6,600，追加样本100（广州60、郑州40），共计6,700。具体详见下表：

区域	一线		二线		三线		二线		三线	
东北			哈尔滨	123	齐齐哈尔	120	沈阳	160	锦州	160
长春				161	吉林	160				
华北	北京	210	天津	122			石家庄	161	保定	160
			济南	160	济宁	161	西安	250	宝鸡	160
			太原	122	晋中	120	呼和浩特	122		
华东	上海	230	郑州	161	开封	120	杭州	129	金华	133
			合肥	160	滁州	160	南京	121	常州	122
华中			武汉	161	襄樊	160	长沙	120	湘潭	124
			南昌	126	九江	120				
华南	广州	250	佛山	120	东莞	120	海口	47		
			南宁	123			福州	160	泉州	160
西南			成都	160	绵阳	161	重庆	123		
			贵州	125	遵义	120	昆明	130		
西北			兰州	122						
总计	主体样本：6,600，追加样本：100（广州60、郑州40），共计6,700									

附2：定性研究方法

选择不同级别的3个城市，每个城市3组座谈会，共计9组座谈会。每组会6~8人，共计63人，如下表所示：

定性：小组座谈会				
	北京	武汉	绵阳	合计
16~22岁（共3组）	1	1	1	3组
23~34岁（共3组）	1	1	1	3组
35~45岁（共3组）	1	1	1	3组
合计	3组	3组	3组	9组

访问对象条件

16~45岁
非退休人员
男：女=1：1
学历：大专以上
家庭月收入：中等收入及以上
过去1个月每周至少有3天/次收看电视，每天/次看电视时间至少30分钟
使用手机APP
每周读报、杂志至少1次
其他市场研究常规甄别条件

二、大脑深处的秘密

传统营销学常被诟病的一个问题是：使用问卷、访谈等形式问询用户的偏好及选择时，用户不能或者不愿意完全地表明自身观点。针对该问题，诺贝尔经济学奖获得者Smidts教授于2002年率先提出了“营销神经学（neuromarketing）”的概念，主张将心理学、决策学、营销学及神经科学相结合，以揭示品牌和广告对用户的偏好、支付意愿和价值评估等感知觉、认知、情感和决策过程的影响。

借助新兴的磁共振脑成像技术，2016年我发起了中央电视台广告经营管理中心与北京师范大学心理学院联合开展的“媒体品牌对用户认知与广告传播的效应——基于磁共振脑功能成像的神经营销学研究”项目，以揭示央视品牌在用户（消费者）大脑中的认知、表征与价值，以及该品牌对在其平台播出的广告的促进效应。

基于磁共振脑功能成像的神经营销学可以直指用户内心，因此可以把传统的消费认知概念，如品牌好感、购买忠诚等与大脑的特定脑功能区相对应，以此来揭示品牌的价值和广告效应，并通过大脑活动数据来科学客观地对品牌效应和广告效应进行评估，从而克服传统自我报告法的主观和偏差。此外，该方法还可以揭示消费者内在隐藏的潜意识过程，从而使我们更加全面、精准地了解品牌和广告对消费者的作用。

本研究是我国第一次将磁共振脑成像技术用于对品牌价值与品牌效应的研究，它不仅填补了我国在营销神经学领域的空白，同时也将引领我国广告经营向科学化发展。本研究借助功能磁共振脑成像技术，从以下两个方面来研究央视品牌价值（大脑画像）和品牌效应（晕轮效果）。

要进行磁共振脑成像研究，不仅需要磁共振设备，还需要有与之相配合的实验控制系统、视觉呈现系统以及大数据处理服务器集群。北京师范大学磁共振脑成像中心拥有西门子3T磁共振扫描仪，是我国高校第一台专门用于科学研究的磁共振扫描仪。从2006年建成至今，它已经产生了一系列在国际上具有重要影响的科研成果。

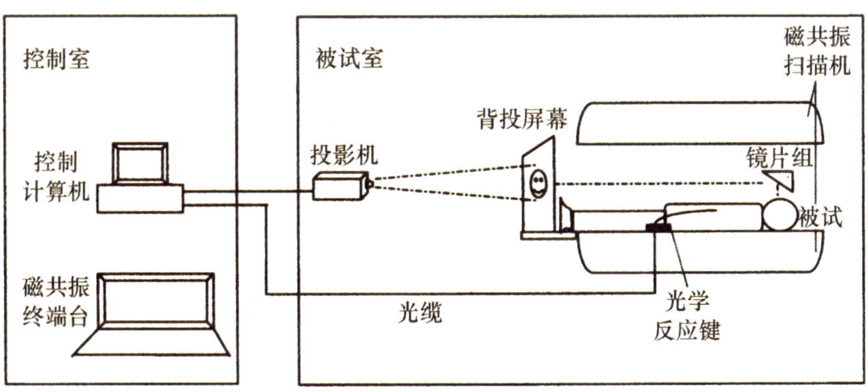

磁共振脑成像研究实验示意图

1. 谁是真爱

品牌往往能够直接影响用户（消费者）的偏好和选择，但是这种影响通常是无意识的，难以被用户直接觉察到并报告出来，但磁共振脑成像技术却可以清楚地揭示品牌的价值与特点。例如：有研究表明，强势的汽车品牌激活了左腹侧皮层、左前额叶眶区和两侧前额皮层，而这些区域往往与动机、面孔识别、奖励刺激和决策相联系；而弱势的品牌则激活了大脑前叶皮层和脑岛，而这些区域与处理消极信息（比如不公平的待遇、令人厌恶的图片等）相关。

实验设计

让用户（消费者）根据不同电视平台图标的提示，想象此电视台播放的电视节目。采用慢速事件相关设计。

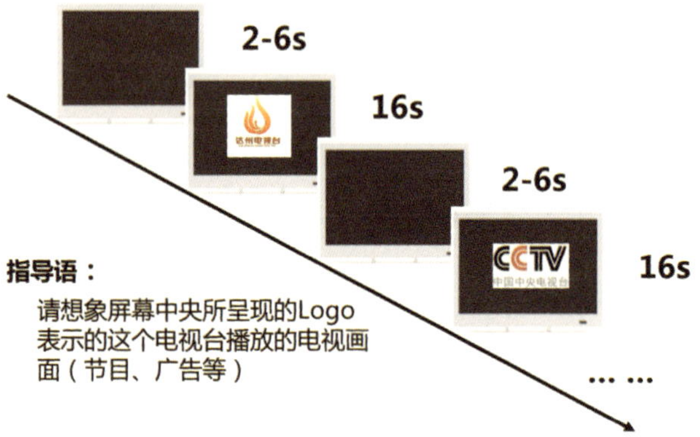

磁共振脑成像技术实验设计示意图

实验目的

通过直接观察中央电视台图标和其他台图标所诱发的大脑活动，比较在同一脑区大脑激活强度的差异，分析央视品牌在不同认知过程（如偏好、决策等）的影响力系数，即说服效果；并且从央视图标所激活的独特脑区，得出央视品牌的独特价值。

实验参与人数

本研究招募了20名电视节目观看者，男女性别各半，年龄在20~45岁之间，来自全国各地，包括北京、上海、山东、浙江、河北、河南、山西、辽宁、内蒙古等地。这些被试者能够比较全面地代表全国的中青年消费者群体。研究者对他们分别进行了行为测查和磁共振脑成像扫描。在扫描前，被试者首先完成了一份简单的问卷，报告自己对央视和其他知名电视台的观看频率、熟悉程度、喜欢程度等。被试者在观看频率、熟悉程度和喜欢程度等维度上不存在显著的差异，但被试者对央视的信任程度要显著高于湖南卫视、江苏卫视、浙江卫视等其他几个国内知名电视台（如图所示）。

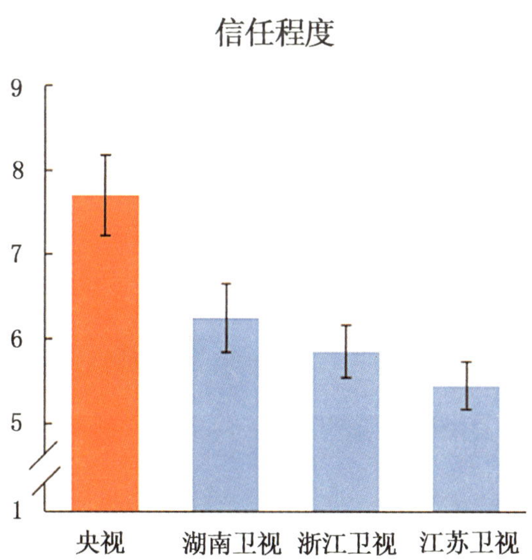

问卷中被试者对不同电视媒体的信任程度

实验结果

相对于知名的卫视频道，央视的品牌是最值得信赖的品牌。磁共振脑成像扫描发现，央视品牌给人生动形象、积极正面、值得信赖的总体印象，并且相对于国内其他知名电视品牌，央视品牌给人的印象更加深刻、更容易被大众记住。

研究者对被试者进行了磁共振脑成像的扫描，具体的磁共振实验流程如下图左侧所示：屏幕上逐个出现“CCTV”以及其他各大电视台的台标，要求被试者完成自由联想任务（free association task），即看到台标后想象这个电视台所播放的电视节目画面，研究者会记录并分析被试者在这段时间内的大脑活动。

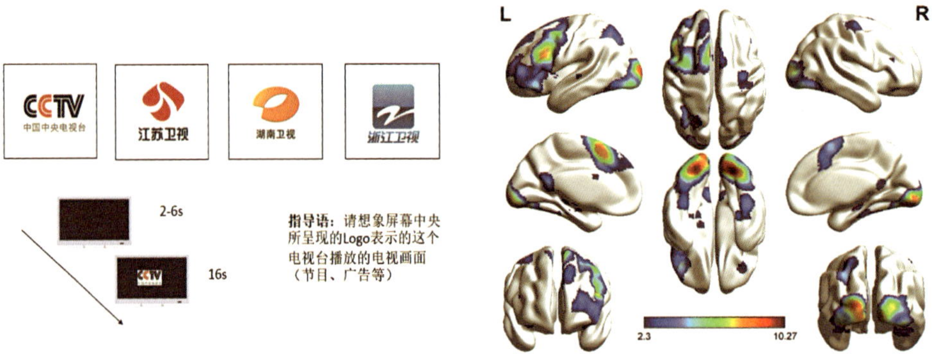

左：实验设计；　右：“CCTV”台标的大脑激活

结果发现，当出现央视的台标“CCTV”，被试者开始回忆或想象“CCTV”播出的电视节目画面时，大脑后部负责视知觉信息加工的枕叶皮层（occipital cortex）被激活，说明被试验者脑海中迅速地浮现出了丰富多彩的“CCTV”播放的画面；

除了视觉区，在自由联想的过程中还激活了与记忆相关的经典脑区，有左侧基底神经节的海马（hippocampus）和尾状核（caudate）以及额上回（superior frontal gyrus）、额中回（middle frontal gyrus）等。相关研究发现，海马在长时记忆中被激活，前额叶和海马在联想记忆任务提取中被激活，外侧前额叶参与记忆编码和再认，额中回参与记忆再认。说明观众对央视的节目画面编码好、存储牢、易提取。总体来说就是印象深刻、很容易记住、时常会想起，这也跟被试验者自我报告的“经常看央视的节目”相一致。

此外，在实验过程中，与积极情绪相关的脑区得到了激活，如与偏好相关的内侧额叶（medial frontal gyrus）以及奖赏回路的尾状核（caudate）和眶额叶皮层（orbital frontal gyrus）。特别值得强调的是，大脑中加工负性情绪的杏仁核（amygdala）激活很弱。简而言之，这说明“CCTV”台标在大众脑海里想到的画面都是跟积极的情绪相关的。这一结果充分说明，“CCTV”给人的形象非常正面，给人带来的情绪体验是积极的，人们也非常信任它，这与被试验者们自我报告的“比较喜欢央视，很信任这个电视台”也是相一致的，说明央视具有非常正面的品牌形象，传递着正能量。

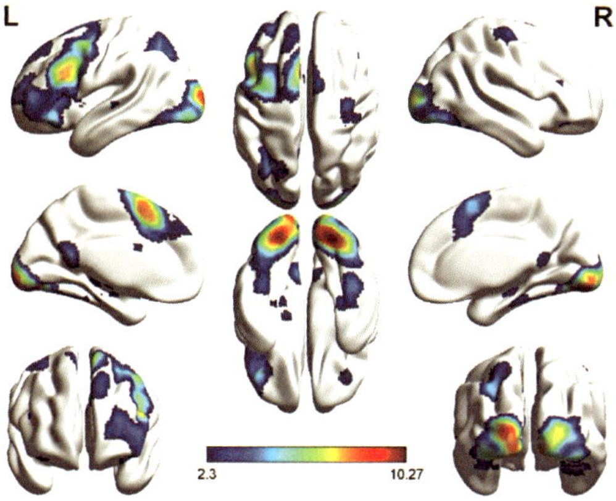

“CCTV”台标的大脑激活

为了进一步研究央视品牌印象的独特性，研究者将“CCTV”品牌诱发的被试者大脑活动与湖南卫视、江苏卫视、浙江卫视等国内其他几家知名电视台做了横向比较。如图所示：

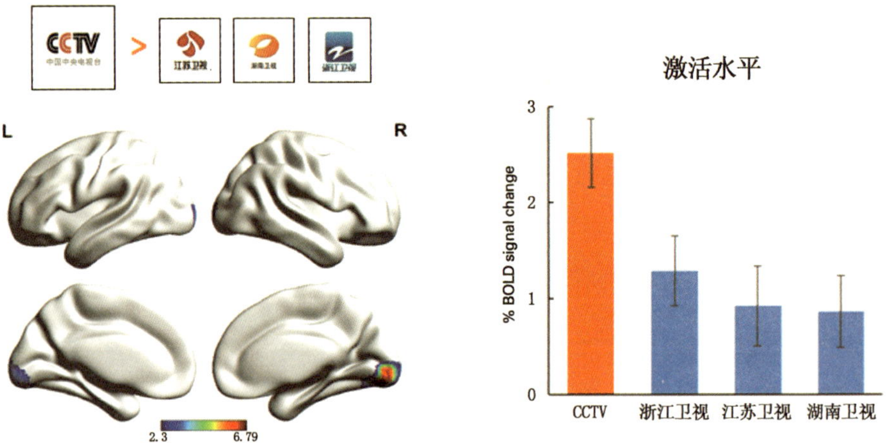

左："CCTV"相对于其他电视台激活强度更大的脑区；右：大脑激活强度

被试者在回忆央视的画面时的大脑激活与回忆其他三大卫视时的大脑激活相比，在枕叶视觉区的梭状回和舌回区域有一个非常显著、稳定的更强的激活，并且从强度上看是其他卫视的至少两倍。如前所述，梭状回和舌回主要参与视觉记忆的加工。这一结果说明，被试者在回忆央视的电视节目画面时，视觉记忆提取更活跃，有更强的画面感，说明央视给人的印象更深刻。作为一个电视媒体，只有让观众记住其所呈现的视觉画面，这个媒体才能产生更深远的影响。让观众有强烈且牢固的视觉记忆，是任何品牌想要进一步推广的基石。与其他知名卫视相比，央视在这方面有独特的不容小觑的优势，体现了其强大的品牌实力和品牌价值，以及超强的品牌影响力。

总结

从行为测查来看，央视受到观众广泛的关注和喜爱，同时相对于国内其他知名电视台，央视让观众更加信任。从脑成像的结果来看，央视是一个知名度非常高的电视媒体，给人印象深刻，节目画面生动，形象也非常正面，受到大众的广泛喜欢和信赖，每一个节目画面都深深地印在观众的脑海里。因此，央视是最具品牌价值和实力的电视媒体。

2. 谁能激活更多脑区

品牌效应指用户在购买决策时会受到品牌的影响，而商品的品牌会受到平台品牌的影响。例如，有磁共振成像（MRI）研究表明，在商品相同但品牌名称不同的情况下，只有受消费者青睐的品牌较少地激活了大脑的工作记忆脑区，即用户对广告的防御认知较弱；而在情绪方面，强势品牌激活了参与积极情绪加工的大脑苍白球，而弱势品牌则激活了与负性情绪相关的脑岛。

实验设计（示意图）：

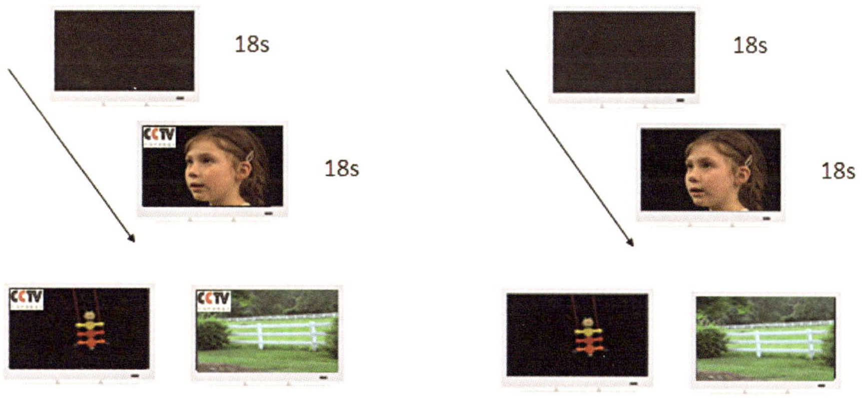

示意图：左，带“CCTV”台标的视频；右，不带“CCTV”台标的视频。

为了避免“CCTV”台标的干扰，本研究采用组间设计，把被试者分成了两组。一组被试者只观看带有“CCTV”台标的视频（图左侧），另一组被试者只观看不带“CCTV”台标的视频（图右侧）。两组被试者分别观看由人物面孔、物体、风景等材料组成的小视频，其中一组被试者观看的视频在屏幕左上角加上“CCTV”台标，另一组观看内容相同但没有“CCTV”台标的视频。采用功能磁共振（FMRI）记录被试者在观看视频时的大脑神经活动，旨在考察“CCTV”台标对被试者观看的视频内容有什么提升作用。

实验目的

通过比较在“CCTV”台标出现和不出现情况，揭示（1）用户对广告内容的反应是否发生变化，即央视品牌对广告的增值；（2）央视品牌对不同类型的广告内容（如面孔、场景和物品）的不同大脑反应模式，检验央视品牌对不同类型广告的广谱效应。

实验参与人数

对照组20名电视节目观看者；实验组20名电视节目观看者。

实验结果

研究结果发现，同样的视频材料加上“CCTV”台标之后，被试者大脑中负责听觉与语言加工的颞中回、负责运动的辅助运动区、负责情绪加工的眶额叶皮层、情境记忆相关的壳核等很多脑区都有更加显著的激活。这表明“CCTV”台标对于观众观看视频产生了多方面的影响，同样的视频能够让观众的感觉体验更加丰富、情绪体验更加积极，同时观众也会把视频呈现的内容与自身的生活经验加以关联，视频的内容也更容易被强化和得到积极评价，最后诱发观众可能的购物冲动。

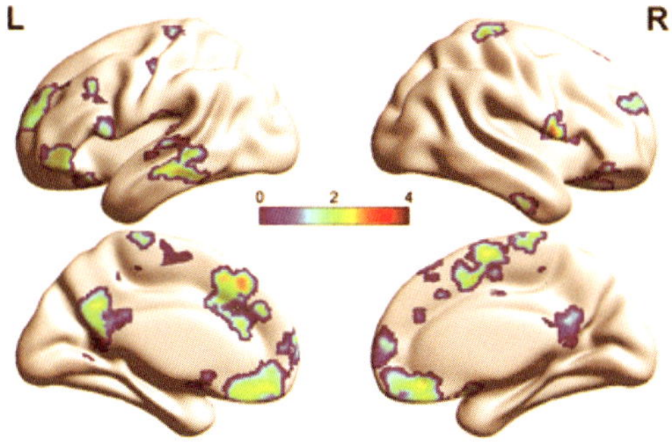

"CCTV"台标对视频内容的整体提升作用

为了考察"CCTV"台标对不同类型的视频(人物、商品、风景)是否会有相对独特的影响,研究者也进一步探讨了"CCTV"台标分别对人物面孔、商品以及风景三种不同类型视频的大脑刺激,探究"CCTV"台标对三种不同类型视频特有的品牌效应(如下图所示):左侧展现的是"CCTV"台标对人物的光环效应,人物类视频加上"CCTV"台标后,被试者大脑中负责高级视觉加工的颞下回等区域有更加显著的激活;中间为"CCTV"台标对物体的光环效应:物体类视频加上"CCTV"台标后,被试者大脑中负责奖赏的纹状体等区域有更加显著的激活;右侧为"CCTV"台标对风景的光环效应:风景类视频加上"CCTV"台标后,被试者大脑中的运动辅助区等区域有更加显著的激活。

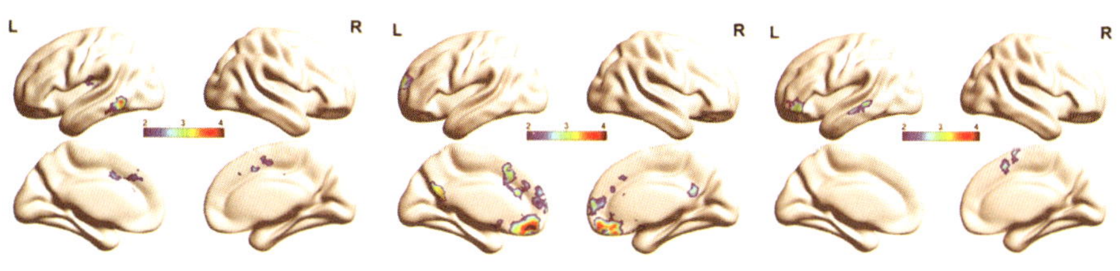

"CCTV"台标对不同物品的效应(左侧:人物;中间:商品;右侧:风景)

总体而言，带有"CCTV"台标的视频能够使受众的感知觉体验更丰富、情绪体验更加愉悦，同时也令他们对视频内容有更加深刻的印象。针对人物、商品、风景等不同类型的视频，"CCTV"也有其独特的品牌效应，它可以使受众对人物的印象更加深刻，对物体产生愉悦的偏好和潜在的购买意愿，对风景产生更强的画面感和更愉悦的情绪体验。

相比之下，央视品牌对商品类的效用最大，激活了更多与消费相关的脑区，从情绪到决策都有体现；对人物类产品的效用较大，激活了情感、记忆及多感觉通道脑区；对风景类产品效用最小，激活的脑区最少。这暗示央视播放商品类产品能激发观众更积极、更丰富的大脑反应，广告效果最明显。

三、传播研究新发现

在我们对媒体市场和媒体价值进行思考和探索的同时，国外成熟市场也开始了实证研究。从美国到英国，我们发现大家都在反思市场是否对所谓的"新媒体广告"反应过度了，我们是否低估了主流电视媒体的影响力，我们的企业客户是否因此付出了更大的代价等等这些国内媒体以及广告市场普遍焦虑的问题。

1. 传播力量排行榜

媒体价值和效果衡量一直是广告主最为关心的事情。在如此海量的媒体环境中，受众的注意力不得不被分散，正是在这样的背景下，“精准传播”的概念变得炙手可热。所谓“精准传播”，是近年来互联网标榜的传播形式，它通过对不同的人群进行细分打包，形成一个个小圈子，实现点对点传播。然而互联网的细分群体是碎片化、圈层化的，圈层之间互不连接，也无法实现信息流通和相互影响，形成大规模的全国性传播难度颇大且成本高昂，迷恋互联网广告的“精准”只能造成市场份额不断缩小。更重要的是，这种“精准可测量”和“流量”存在诸多虚假成分。

美国网络安全公司White Ops在《2015年机器人流量（BOT）广告欺诈研究报告》中预测，由于非人类产生的流量，广告商和企业将损失72亿美元，其中有49%的广告商因为机器人流量产生的广告欺诈将损失25万~4,200万美元，整体看来，每家广告商平均损失将达1,000万美元。这一预测后来不仅得到了证实，而且现实情况更糟。2016年，美国Facebook公司表示将不再进行全平台DSP（Demand-Side Platform）竞价产品的研发，因为它们发现这个平台75%以上的流量都是不良的，这些由劣质广告和虚假机器人流量组成的流量毫无广告价值。

一方面是互联网广告效果受到极大质疑，另一方面则是电视广告效果备受肯定。2015年年底，英国群邑受营销机构Thinkbox的委托，对电视广告、电视直销、广播、纸媒、户外、邮件、网络展示、付费网络搜索等多种传播途径的短期、中期、长期营销效果进行比较分析后发现，中短期媒介传播带来的销量为39%。其中，33%来自电视广告，高于其他媒介传播；22%来自付费网络搜索；线上展示为12%；会员广告为10%；纸媒8%；直邮8%；电台3%；户外1%。这份报告还显示，电视广告的销售转化效果更好，电视直接或间接地提升了其他媒体传播渠道的效率，实体店销售中有45%的销量是受电视广告的影响而产生的，网站销售中有29%是受电视广告的影响而产生的，手机销量的25%是受电视广告的影响而产生的。

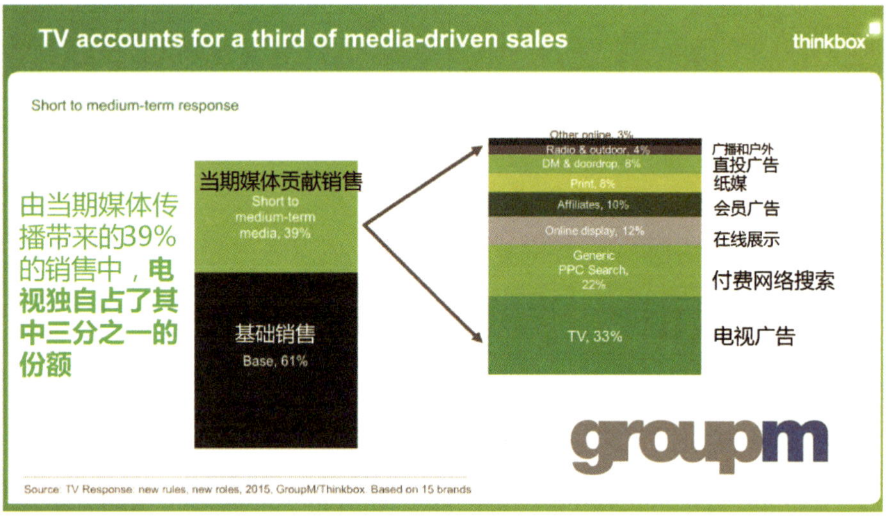

英国群邑对不同媒体带动销售的传播效果研究

此外，美国著名广告周刊《ADWEEK》2016年3月7号发布了自己的研究报告，这个研究报告对2013年、2014年15个减少电视广告投放的品牌进行了相关分析，结果发现，其中11个品牌，每少花1美元在电视媒体上，其销售额就会减少3美元。

电视媒体作为大众媒体，通过中心节点批量复制同样的讯息传递给受众，受众之间彼此不受限制，从而构成了大规模信息沟通交流的前提基础。凯度（Kantar）“全球消费者指数2015~2017广告主委托项目”数据显示，如果品牌主没有投放数字媒体广告，将有13%的消费者看不到品牌主；但如果没有投放电视广告，则将有高达58%的消费者看不到品牌主。

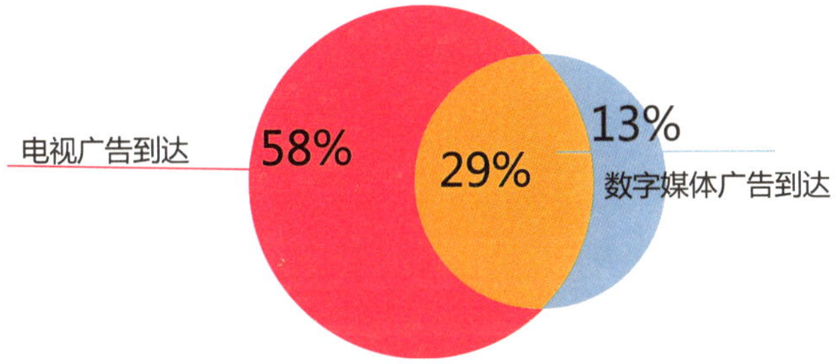

电视和数字媒体的消费者到达率

数据来源：Kantar Worldpanel

而我们耳熟能详的美国广播公司、哥伦比亚广播公司以及福克斯等六大电视频道的广告业务，都呈现出令人振奋的增长，这直接证明了电视的力量。2016年，哥伦比亚广播公司第二季度每股盈利上升近40%；福克斯新闻频道旗下的美国有线电视网表现强劲，超出了盈利预期；Discovery的营收上升了7%，净利润提高了43%；NBC环球第二季度的有线电视频道收入也上升了5%。

互联网数量巨大而价值无法确定的广告让广告主浪费了不止一半的广告费，而电视广告无论是从传播效果还是从销售效果来看都更胜一筹。事实证明，电视广告的功能和价值无可取代，这是其在新时代立足的根本。

2. 大屏青春正当时

自1958年建台以来，历经一甲子的积淀、传承、革新和突破，中央电视台的传播力、引导力、影响力、公信力与日俱增，时至今日已成为中国最重要的主流媒体和全亚洲最大的视频传播中心，这是几代央视人用“国家责任、全球视野、人文情怀”赢来的荣誉。“媒体质化效果研究”项目用科学的方法证明了，央视是最具冲击力、专业性、独特性等优势的媒体，高端感、国家态度与形象、社会责任感是形成人们对央视印象的重要因素。这种高端而权威的媒体印象仅为央视一家所有，在中国电视媒体甚至包含新媒体在内的所有媒体阵营中，我们找不到第二家媒体可以比肩央视的影响力。

目前，中央电视台已经建成“多终端、多语种、多产品、多平台、全覆盖”的融合传播体系，电视端全球覆盖人群超过15亿，央视网多终端全球覆盖人群11亿，央视新闻新媒体用户总数3.4亿。每天为受众和用户创造最新鲜、最原创的视频消费，这是央视最大的价值。

中央电视台也是中国主流价值、主流文化的守望者和传播者，60年始终如一高举旗帜、引领导向。一个正常的社会需要主流价值的守护，而主流价值需要主流媒体来捍卫。这种捍卫主流价值的能力，就是央视最大的引导力。

在电视市场，中央电视台三分天下有其一，党和国家赋予的喉舌使命、不可撼动的收视地位、源源不断的优质节目输出能力、几十年与全中国同呼吸共命运赢来的人心，这些构成了央视在今天中国社会的话语权。拥有话语权的媒体才有影响力。

中央电视台是中国第一家电视台，也是唯一的国家电视台，60年来承担新闻传播、社会教育、文化娱乐、经济推动、信息服务等多种角色，而“国家责任”始终是央视秉承的根本宗旨，也是它与生俱来的使命。调查显示，每当有重大事件发生，90%以上的观众会首选央视了解信息，当央视与其他媒体说法不同时，

95%以上的观众更信任央视。“磁共振脑成像”项目也同样证明，相对于国内其他媒体，央视的节目画面更加生动、给人的印象更加深刻、形象也更加正面、更加让人信任。负责任的媒体才有公信力。

“懂中国，看央视”已成为共识，中央电视台是中国最具传播力、引导力、影响力、公信力的媒体，没有之一。

如果说之前我们还在感慨时代变化、媒体格局嬗变，辨析媒体孰优孰劣，那么，我们通过科学实验求证了电视媒体的力量和国家电视媒体的价值。时间到了2018年春天，中央广播电视总台的成立，也为之前的辩论画上了句号。

电视不死、央视超强，60岁大屏王者青春正当时。那么中央电视台的价值应该如何再发现呢？

第三章　重新定位

思路决定出路，要有行动上的改变，首先要有认知上的笃定。面对经济下行压力，面对日新月异的媒体竞争环境，坦率地讲，我们也曾有过忧虑，央视“真实不造作、娱乐不放纵、服务不迎合”的价值坚守是不是真的被娱乐至死、三俗当道的所谓新传播格局抛弃了？品牌进化的方向是价值指引还是小鲜肉带路？“品牌传播在于公信力”，这条塑造伟大品牌的规则是否也被颠覆了？答案是否定的。

前面两个章节里，我们依据时代变化、媒体变局清晰了认知；我们从国外媒体研究机构的报告中了解到了在主要媒体市场中电视的影响力；同时中央电视台广告经营管理中心（简称“央视广告经营管理中心”）与两个研究机构的合作研究，也印证了央视的价值和影响力，证明了受众和消费者对央视的喜爱和信任。

无论技术如何突破人类的想象，有些公理从未改变，有些价值一直需要坚守，因为，人类发明的一切只能改变我们的生活却不能替代我们生活。因此，在乱花渐欲迷人眼的当下，认知理性和战略定力成为最稀缺的一种能力。

企业投放广告，本质上是想获取一张信任状。有价值的地方才能创造价值。我们始终直面时代提问，积极拥抱变革，也敢于坚持常识。经过价值再发现，中央电视台广告经营敢于重新定位是基于国家电视台的平台自信、价值自省、使命自觉。

一、平台自信

中央电视台是中国最重要的舆论传播阵地，是最具公信力的新闻传播机构，这里每天能看见最高领导人的身影，听得见普通百姓的声音，内看960万平方公里壮美山河，外知人类活动所及范围最新动态，近13亿观众构成了世界最大的视频消费生态圈。2017年世界品牌实验室(WorldBrand Lab)发布了《中国500最具价值品牌》分析报告，央视以2，322亿人民币的品牌价值位列总排行榜第八位、媒体类第一位。

1. 拥有最大视频消费生态圈

中央电视台具有传播新闻、社会教育、文化娱乐、信息服务等多种功能，是全国公众获取信息的主要渠道，是中国了解世界、世界了解中国的重要窗口，也是当今中国最具竞争力的主流媒体之一，在国际上的影响正日益增强。

经过60年的发展，中央电视台已经从最初只有一个频道发展为至今拥有47个电视频道，形成了“多终端、多语种、多产品、多平台、全覆盖”的融合传播体系：电视端全球覆盖人群超过15亿，常态栏目总数超过400个，平均每天播出超过900个小时的视听内容；央视网多终端全球覆盖人群11亿，央视新闻新媒体用户总数3.4亿，提供英、西、法、俄、阿、韩6种外语和朝、蒙、藏、维吾尔、哈萨克5种少数民族语言的服务，用户覆盖210多个国家和地区。

仅从国内市场来看，中央电视台全年覆盖人口达12.73亿、到达率99.28%。从收视份额来看，2017年由16个频道组成的央视收视份额达33.59%，比2016年上涨了1.4个百分点；而由32个卫视组成的卫视组整体减少了1.28个百分点；从收视人群来看，2017年，央视频道在城市观众中的收视份额达到34.74%，卫视组在城市观众中的收视份额为25.42%，均高于4+的平均水平。央视是中国电视传播中当之无愧的王者，是中国“大众传播的制高点”。

中央电视台的视频消费生态圈还辐射到了互联网媒体。2017年央视APP产品累计下载量达4.17亿次，排名第一的央视影音，截至2017年12月份累计下载量为2.8亿次。此外，央视财经、熊猫频道、CGTN同比涨幅也分别达到703%、608%和579%，上升势头很猛。此外，央视在新浪微博持续运维的官方微博账号共有264个，截至2017年年底，微博累计粉丝量达2.25亿；运维微信公众账号221个，累计关注总人次达6，080万。

2. 政治传播中心

作为国家电视台，中央电视台是党和人民的喉舌，是传达领导人思想精神的主阵地，《新闻联播》《焦点访谈》《晚间新闻》《朝闻天下》等栏目是国家重大方针政策最权威的发布和解读窗口。CCTV-4（中文国际）聚焦于国际大事，其王牌节目《海峡两岸》《今日亚洲》《中国舆论场》成为民众了解国际大事的重要窗口。CCTV-13作为中国唯一一个全天24小时滚动播出新闻节目的频道，每天有超过20档新闻节目不断播出国内外重大新闻事件，节目形式既有快速传播最新资讯的直播新闻，也有对新闻大事进行深度解析的评论节目。

具体来看，《新闻联播》收视率高达8.89%、《天气预报》5.44%、《焦点访谈》3.19%，它们是新闻类节目的收视霸主。近年来《新闻联播》的“头条工程”以“短片+短评”的方式突出重大主题传播的高度和深度，一键触发，推送全媒体多终端。

央视的政治传播影响力还辐射到互联网，央视新闻APP下载量超过6,000万，微博、微信公众号关注人数超千万。更重要的是，所有网站的时政新闻，尤其是时政视频新闻，全部来自央视，是央视出品。

3. 文化传播中心

中央电视台一直都是大剧、正剧的主要播出平台，拥有“CCTV-1黄金剧场”和CCTV-8电视剧频道两个主要播出窗口。《西游记》《红楼梦》《三国演义》和《水浒传》《汉武大帝》《乔家大院》《亮剑》《戈壁母亲》《恰同学少年》《闯关东》等一大批经典电视剧由此得以传播。近年来《历史转折中的邓小平》《于成龙》《天下粮田》等电视剧更是引发了大众的热烈追捧。

中央电视台也是大型政论片、重点纪录片的首发平台，早期的《望长城》《邓小平》《大国崛起》《复兴之路》《故宫》，近期的《习仲勋》《将改革进行到底》《大国重器》《辉煌中国》《舌尖上的中国》《我在故宫修文物》等一部部扛鼎之作致敬每一个重大历史时期。以播出纪录片为主要内容的CCTV-9自2011年开播以来，在全球60多个国家和地区落地，拥有超过4,000万国际用户。

中央电视台更是有思想、有文化的综艺节目的引爆平台，《中国诗词大会》《中国成语大会》《挑战不可能》《欢乐中国人》《加油！向未来》《机智过人》《朗读者》《国家宝藏》《经典咏流传》《信中国》等节目引领新时代综艺新气象，在综艺泛低俗化的当下独树一帜。

中央电视台代表主流媒体扛起文化新综艺的大旗，提供高质量、高品质的节目内容，并且在社会上形成了热议话题。以《朗读者》为例，互联网视频、音频客户端累积播放次数超10亿，#CCTV朗读者#和#卿听朗读者#微博话题收获了高达14.1亿和1.2亿的阅读量，累计超300篇10万+文章刷爆朋友圈。毋庸置疑，《朗读者》已成为文化节目的一个现象级存在。全网对节目的评价口碑以正面赞扬为主，占比高达71.03%，负面情绪占比仅2.91%。总体而言，节目唤醒了观众对文学、情感和生命之美的怀念和向往，历史积淀中散发的脉脉温情与久违的书卷气息、积极向上的社会正能量以及对传统文化道德精髓的弘扬使节目赢得了公众的赞誉。

4. 创新传播中心

近年来，央视一直走在节目创新的最前沿，新节目层出不穷，展现了国家电视台所拥有的无穷创造力。除了推出一系列创新节目外，央视还在传播方式上进行创新，打造融媒体新型传播平台，对既有的优势内容进行创新性开发和升级。

开办于1983年的“春晚”开创了中国电视综艺节目的先河，每年的春节联欢晚会上，知名演员、艺术家云集，体现中华民族各种艺术形式最高水平的作品都在晚会上汇集演出。从开办至今，“春晚”积25年之沉淀，为观众贡献了无数的欢声笑语，陪伴着老百姓度过了一个又一个除夕之夜。“过春节看晚会”已经成了一种民俗，“春晚”也成了老百姓大年除夕必不可少的一顿“年夜饭”。《2018年中央电视台春节联欢晚会》通过CCTV-1、CCTV-2、CCTV-3、CCTV-4、CCTV-7以及CCTV-少儿频道全程并机直播，并在CCTV-新闻《一年又一年》中插播部分节目。包括地方电视台在内，全国182家电视频道进行了同步播出。中国国际电视台（英、西、法、阿、俄语频道）以摘播方式，通过198家海外媒体，在149个国家和地区落地播出。央视网、央视新闻新媒体全程直播。汇总来看，“春晚”播出期间，通过电视、网络、社交媒体等多终端多渠道，海内外收看“春晚”的观众总规模达到11.31亿人次。

此外，央视还拥有国内外80%以上赛事的独家转播权，重大的国际体育比赛，包括奥运会、亚运会和世界杯足球赛（包括预选赛）等世界级赛事的电视及新媒体转播，每年央视都投入了包括CCTV-5在内的许多频道和节目资源予以报道，聚焦赛场内外热点，全面报道体育赛事盛况，近年来更是形成了以央视网、CCTV-5客户端、微博、微信公众号等相结合的融媒体传播矩阵。以2016年8月5日到2016年8月21日的里约奥运会为例，除直播赛事之外，其间，CCTV-5还推出了《相约里约》《奥运新闻》《奥林匹克在里约》《全景奥运会》《奥运1+1》等多档栏目。全国累计约7.93亿观众通过央视收看了里约奥运会，CCTV-5平均收视份额达9.17%，单天最高收视份额达11.46%，其中6天收视份额超过10%。新媒体方面，CCTV5客户端累计用户超过500万，累计直播时长1，150万小时；央视网多终端奥运报道累计独立访问用户达6.5亿人、视频直点播收视次数14.6亿；此外，央视网还开启了360度VR全景奥运转播，为用户提供全新的VR体验。

在央视16个频道的播出内容中，85%以上由央视自主产出。央视无疑是最大的视频内容提供商，满足12亿多观众每一天的视频消费。

二、价值自省

无论是过去还是现在，无论经济增长是加速还是放缓，无论舆论对电视广告市场是看好还是唱衰，央视都是塑造和提升企业品牌最重要的平台。历史和现实都在讲述国家电视台独具价值的传播故事，它不仅能够塑造强大的品牌影响力，对企业销售增长有强劲的拉动力，还见证了新行业的崛起和发展，创造了一个又一个营销奇迹。

1. 见证品牌成长

作为国家电视台，在改革开放的第一个40年里，央视培育了无数中国品牌，成就了无数企业家的财富梦想，促进了中国经济的高速发展。我们所熟知的品牌，无一不在这个平台上熠熠生辉。格力、美的、海尔、青岛啤酒，这些响当当的品牌从改革开放之初就在央视进行品牌传播。20世纪90年代以后，伊利、蒙牛、汇源、鲁花、一汽集团、比亚迪等品牌通过央视舞台变得家喻户晓。

2017年中央电视台春节联欢晚会现场，当农历丁酉新年钟声敲响之时，“美的集团向全球华人拜年！”的祝福，通过CCTV-1、CCTV-4、CCTV-13等频道第一时间飞到了千家万户。这是美的集团第十八次在“春晚”零时向全国人民拜年、喜迎新春吉祥。这一具有延续性、战略性的媒体投放举措，无论是在知名度还是在美誉度方面，都为美的积累了宝贵的品牌资产。美的集团董事长方洪波曾说过：“只要我一天在美的，央视春晚倒计时广告就一定是美的的。”

品牌的孕育和成长在今天央视的舞台上继续。2016年广汽传祺首次登陆央视，不到一年的时间，广汽传祺便实现了超过90%的销量增长，创造了令行业注目的“传祺速度”。广汽传祺2016年开始投放央视《新闻联播》提示收看，仅仅3个月的投放就实现了销量同比暴涨170%。基于此合作项目，广汽传祺领略到了央视的价值，除了继续《新闻联播》相关广告资源的合作，还与央视合作了《长征》纪录片和《@春晚》等项目。到2017年2月，广汽传祺全系销量同比增长138%，领跑汽车行业。

在2016年的媒体环境和市场氛围中，央视还见证了更多的品牌成长：长安汽车连续两届冠名《出彩中国人》，其自主品牌汽车销售138万辆，同比增长20%，远远高于行业平均增幅；东风汽车冠名的《加油向未来》7月在CCTV-1播出后，当月东风乘用车的销量便大增115%；碧桂园大手笔投放央视黄金资源后，2016年截至9月销售额突破了2,000亿元，同比增长164%，跃居全国房企前三甲；恒大海花岛通过在央视的轰炸式传播，短短半个月内创下了三项世界之最——半个月销售122.05亿元、销售面积136万平方米、10万认筹到访人数；红星二锅头登陆CCTV-1后，2016年8月较2015年同期整体产品累计销售增长18.5%。

2. 见证新行业崛起

2015年，央视“春晚”首次尝试使用新媒体互动，以“摇一摇”这种老少咸宜、零操作门槛的互动活动，让全民齐参与。微信支付成为“春晚”互动第一个“吃螃蟹的人”，双方经过多次协商推出了“春晚红包”这一全新的互动方式。这次伟大的尝试让微信获得了巨大的成功：除夕当日微信红包收发总量达10.1

亿次；2月18日20:00~2月19日00:48，春晚微信“摇一摇”互动总量达110亿次；春晚微信祝福在185个国家之间传递了约3万亿公里，相当于在地球与月球之间往返370万次；除夕夜10:30送出的一波红包达到1.2亿个，是2014年除夕夜峰值的4,800倍。据第三方统计机构发布的数据，仅仅两天时间，微信就绑定了个人银行卡2亿张，而支付宝为此用了8年时间。马云说“我们被偷袭了珍珠港”。

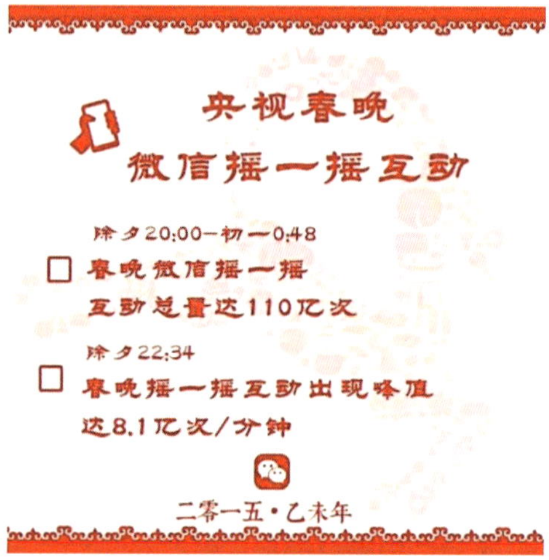

微信的成功让支付宝坐不住了。2016年央视“春晚”的互动产品之争异常激烈，在无法通过商务谈判确定合作对象的情况下，2015年10月28日央视举办了一次以“春晚互动产品”为主题的小型广告招标会，通过暗标竞投的方式决定合作权归属。暗标竞投的过程不超过15分钟，整体氛围平静而紧张，最后经过国家公证人员确认，央视宣布支付宝成为“2016年央视‘春晚’独家互动”的广告主。而竞标结果也异常激烈，腾讯报价2.6亿元，支付宝报价2.688亿元，最终支付宝以880万元之差险胜。事后，腾讯集团掌门人马化腾在第二届世界互联网大会不无惋惜

地说："央视有个投标，我们输了，对方非常拼。"

2016年"春晚"，支付宝推出了"咻红包，传福气""集五福卡"等互动方式。为了配合"春晚"的主题，在央视和支付宝几轮协商后，五福卡最终从社会主义核心价值观的关键词里选词命名。用户通过在支付宝中添加好友及互相分享的方式，在大年初一零点前集齐支付宝发放的"爱国""敬业""富强""和谐""友善"五张福卡即可均分价值2.15亿元的红包。由于"敬业福"一福难求，收集"敬业福"还成了年度新闻。支付宝数据显示，除夕当晚，"咻一咻"达3,245亿次，最高频次时达210亿次/分钟。让无数网友望穿秋水的"敬业福"也终于有了着落。最终，有79万用户集齐了五福，平分了2.15亿元现金红包，人均金额271.66元。更令人关注的是，支付宝通过福卡与红包游戏，

新增了11亿对关系链。粗略匡算，支付宝通过“五福之战”获得了大约1亿新用户。

经过连续两年的“春晚红包”活动，移动支付行业快速崛起，在超市、餐饮、美容美发、到家服务等各行各业行业中普及起来，移动支付也成为各类O2O本地生活服务的入口，逐步改变了人们的消费方式。

3. 见证营销奇迹

2016年，中国女排时隔12年再次打入决赛，举国关注。8月19日的女排决赛创造了电视收视史上的奇迹，该比赛播出时间为周日上午的9:12~11:06，在这个非黄金收视时段，女排比赛创造了收视率3.43%、收视份额28.04%的奇迹。收视的奇迹也对应了营销的奇迹。这一年，央视里约奥运会广告销售额相比4年前的伦敦奥运会逆势增长30%。中国女排决赛期间，我们与体育频道高效联动，边直播赛事、边销售广告，创造了单场赛事最高销售额增长980%的业绩，出现了收视爆棚、广告秒抢的盛景。

女排精神与商业魅力完美结合，国家电视台的影响力与企业家的眼光交相辉映，特别是以中国女排作为广告代言人的光明乳业最受益：央视广告经营管理中心在推出奥运女排产品后，第一时间联系光明乳业，光明乳业也迅速决策、果断下单，成功获得了这一难得的营销资源。光明乳业市场总监龚群表示，在女排决赛至21日最终夺冠的期间，光明莫斯利安酸奶的日均销量较平时大幅增长，最多时达到41.7%。2016年奥运会一结束，美的集团王金亮副总裁专门告诉我们，他们投放里约奥运会冠名项目效果非常好，美的所有销售渠道在8月份前3周的销售增长都超过了60%。他说：“非常期待下一届再次合作。”

三、使命自觉

在改革开放的第一个40年里，广告对品牌的培育是一个自发的过程，媒体和企业在单纯商业意识的驱动下培育了一批行业领导品牌。进入新时代，中国国家主流媒体已经从一个品牌“婴儿”长大成人，立足大格局，有意识地去发掘、培育、成就一批品牌。从“自发”到“自觉”，从“单目的”到“有意识”，从“被动”到“主动”，中国媒体经营者从历史和现实的对话中重新定位自己的使命和担当。

企业追逐利润是天职，但媒体如果仅仅追求利益就是失职。作为中国最重要的舆论传播阵地，国家赋予了中央电视台广告经营的权利和义务。但是如何定位中央电视台的广告经营工作，则是我们首先需要思考的问题。作为国家电视台，中央电视台一直以来都是党和人民的喉舌，肩负着国家责任、社会使命和人民的期待。国家电视台的责任和使命就是央视广告的责任和使命，我们必须把社会效益放在首位，站在国家的高度去思考时代的命题。

如何落实“广告宣传也要讲导向”的指示精神，找到始终把社会效益放在首位的具体实践？如何用广告来参与“推动中国制造向中国创造转变、中国速度向中国质量转变、中国产品向中国品牌转变”？国家对于一系列涉及经济转型升级的新的要求和提法，包括实现经济高质量发展、精准扶贫战略以及2020年全面小康的战略目标，媒体广告部门该如何参与其中？唯有重新校正我们前行的罗盘，重新定位再出发。

1. 地区经济的推动者

如果观察一个地区的经济发展程度，我们首先会聚焦它最薄弱的环节。在贫困地区发展滞后、地区经济发展不平衡成为国家经济、社会的重要问题时，国家提出了精准扶贫的伟大战略。

2013年11月，习近平总书记到湖南湘西考察时首次作出了“实事求是、因地制宜、分类指导、精准扶贫”的重要指示。2015年1月，习近平总书记在云南考察时指出：“扶贫开发是我们第一个百年奋斗目标的重点工作，是最艰巨的任务。”2017年10月18日，习近平总书记在党的十九大报告中强调：“确保到二〇二〇年我国现行标准下农村贫困人口实现脱贫，贫困县全部摘帽，解决区域性整体贫困，做到脱真贫、真脱贫。”

从2013年年底开始，在中央有关部门的统一部署下，各地全面开展贫困识别和建档立卡活动，全国共识别出贫困村12.8万个、贫困人口8,862万、贫困县832个。其中贵州、青海、云南、甘肃、新疆、江西、广西、西藏、甘肃等中西部22个地区扶贫脱贫任务尤其艰巨。这些地方普遍经济不强，产业布局较弱，品牌企业不多。扶贫问题就是经济问题，品牌化、产业化就是促进生产、带动就业的重要抓手。

回望中国40年的经济崛起之路，我们可以发现：经济版图就是品牌版图，品牌聚集、产业发达的地区多是经济发展实力强、发展迅速的地区。倘若贫困地区也能产生若干品牌，形成大规模的产业集群，贫困地区就能实现经济发展、脱贫致富。立足专业、真抓实干，中央电视台就是要运用好自己塑造品牌和传播品牌的能力和优势，为贫困地区走出一条以品牌促产业、以产业促发展的精准脱贫之路。央视广告理当自觉担当起这一历史使命。

2. 中国新名片的传播者

在砥砺奋进的新时代，一张张中国新名片惊艳世界："大飞机"翱翔，"墨子号"升空，"蛟龙号"探海，"复兴号"驰骋；中国路四通八达，中国桥飞架南北，京南大地上的新机场犹如凤凰般展翅欲飞……这些国家的重大战略工程，是中国综合国力的新力量，是向世界讲述中国故事的好题材。

美国国家航空航天局（NASA）和全球定位系统（GPS）是美国众所周知的国家品牌，更是全球瞩目的国家科技品牌。在今天的中国，我们有自己的“NASA”中国航天科技集团，也有能与GPS比肩的北斗卫星导航系统，更有无数领先世界的尖端高科技工程项目。与美国不同的是，这些国家重大工程在中国与民众距离较远，很多都只能通过新闻报道让人知道，没办法成为日常生活中大众所熟知的部分。祖国的强大如何与普通百姓的生活幸福相关联？伟大科学项目背后有哪些默默奉献的研究者、科学家、普通工作人员等？怎样才能成为这个社会里众所周知的时代英雄？这些是我们作为国家电视台需要思考的传播命题。

作为国家电视台，其使命就是要利用好自己的传播资源和品牌塑造能力，把离大众较远的科技项目塑造成人们耳熟能详的科技品牌，让这些科技品牌成为中国新力量、新实力和新名片。我们广告工作必须重新定位，以成绩回报国民信任，以事实回答国民期待，以传播回应国民自信。

3. 国家品牌的成就者

中国品牌近40年的发展历程，浓缩了西方发达国家近400年才走完的道路。在这个过程中，中国品牌完成了从无到有、从弱到强的巨大转变，在市场的主导下，中国品牌的发展半径实现了从区域市场到全国市场再到全球市场的跨越。今天的中国已经成为世界第二大经济体，也是拥有世界500强企业数量第二多的国家。但是仔细研究，我们会发现，这些品牌中，以规模取胜获得知名度的很多，与中国大国地位相匹配、受世人尊敬、能代表国家的寥寥。

事实上，只要依规注册，只要产品合格，只要经营合法且运营正常的企业品牌，就都属于中国品牌，但中国品牌不一定就是中国国家品牌。就像在中国出生加入中国国籍，维护国家主权和利益，遵守中国法律的公民就都是合格中国人，但不是每个中国人都是优秀分子，都可以成为国家的代表，成为国家的标识。只有那些为民族为国家作出了特殊贡献的中国人，才可以被称为国家的标杆。国家品牌就是中国品牌中那些为国家崛起作出特殊贡献且能在世界范围内参与市场竞争和文化交流的少数优秀分子。它们担当使命与责任，超越财富梦想，以实现中国梦为自己的梦想，以中国人的全面小康为己任。

随着中国在国际社会的地位愈发提升以及“一带一路”倡议等的提出，今天中国经济的发展，比任何时候都需要一批能够在全球市场上代表国家形象参与商业竞争、文化交流的国家品牌。只有当越来越多的“中国品牌”——像华为、万达、比亚迪、云南白药、格力、海尔、美的、伊利等优秀分子，能在全球商业和文化竞争中占据主流位置、成长为“国家品牌”之时，我们才能真正从“产品大国”升级为“品牌大国”。

大国经济需要大国品牌，大国品牌需要大国传播。企业的大国风度除了靠自觉不断发展外，也需要国家和社会的激励、引导和扶持。回望改革开放第一个40年，央视平台培育了无数中国品牌，促进了中国经济的发展，推动了一批企业的成长，实现了无数企业家的梦想。在新的40年已经启航的今天，央视无疑肩负着塑造与传播国家品牌的历史使命。央视广告经营必须重新定位：国家平台成就国家品牌。

第四章　突围实验

“无变革，不发展”。我们清醒地看到媒体领域正在发生数十年未有之大变局，一家失败的企业是认为未来和过去一样的企业，媒体亦然。如果我们拒绝改变，等待我们的只能是被无情地淘汰。2016年是央视整体创新升级的一年，也是广告经营管理中心锐意进取、专业蜕变的一年。

在平台自信、价值自省、使命自觉的深刻思考后，中央电视台广告经营管理中心开始了自发的转型升级，确定“国家平台成就国家品牌”的全新定位。经过审慎思考和调研，我们提出了“CCTV国家品牌计划”，赋予国家电视台广告以使命和责任，那就是以品牌传播服务经济高质量发展，以品牌建设带动产业从而助力地方经济脱贫、培养一批国家品牌参与世界市场的竞争和文化交流。

中央电视台的传播力、引导力、影响力、公信力是央视广告经营转型升级的前提和基础。以“CCTV国家品牌计划”为抓手，中央电视台广告经营管理中心进行了从上到下、从内到外的手术。通过组织架构调整，利用管理这只“看得见的手”优化央视广告的管理与服务，以保障市场有序公平竞争；通过确立竞争规则，利用市场这只“看不见的手”，实现效益的最大化和效率的最优化，以充分激发市场活力。通过一系列严于律己、凝心聚人的方式，央视广告正在营造一个健康的生态圈，不断扩大经营势能，为以品牌传播满足人民不断增长的美好生活需要锲而不舍，为以品牌建设和培育实现“中国制造”向“中国创造”的转变、“中国速度”向“中国质量”转变、“中国产品”向“中国品牌”的转变驰而不息。

这场突围实验，是央视广告经营检验自我认知、验证科学研究、证明重新定位的一次有目标、有规划、有步骤的实践。

一、发布“CCTV国家品牌计划”

1. 新理念新产品

“CCTV国家品牌计划”始于广告但不止于广告，它脱离了一般性的广告传播和品牌建设，肩负落实国家战略任务、完成国家重大工程品牌传播、提升中国品牌形象的使命。

“CCTV国家品牌计划”有三个重要组成部分：广告精准扶贫项目、国家重大战略工程品牌传播项目、中国品牌升级服务项目。广告精准扶贫项目、国家重大战略工程品牌传播项目为完全公益的传播项目，免费为贫困地区的农产品提供品牌传播服务，为国家重大战略工程进行品牌形象传播。中国品牌升级服务项目无论是从项目设置、资源配比还是从价值创造、社会影响以及传播实效评估，也都体现出了产品设计的公益传播理念，体现出了央视广告的价值和责任担当。

在“CCTV国家品牌计划”的引领下，中央电视台广告经营管理中心的定位更加清晰：从单一的广告销售升级为全方位的品牌传播服务，开启新的营销时代。央视广告经营方式也发生了根本性变化：以社会效益为中心，以品牌建设为抓手，以营销服务为宗旨，实现社会效益与经济效益的统一。

2. 新做法新态度

“CCTV国家品牌计划”的发布和入选仪式与以往熙熙攘攘的广告招标有所不同，转变为更具社会合作性质的签约仪式。这一形式上的转变，令所有参与者耳目一新。

2016年9月20日，“中央电视台2017黄金资源暨CCTV国家品牌计划发布会”在北京国贸大酒店群贤宴会厅召开，这是央视第一次把发布会提前到9月。中央电视台在京所有台领导悉数到场，各频道总监、各部门负责人齐聚现场，来自企业、广告公司的嘉宾共1，000余人参加了会议。

作为本场发布会的重头戏，“CCTV国家品牌计划”在会上隆重启动。时任国家工商总局广告司司长张国华，时任中国广告协会会长杨洪丰，中国电子信息产业集团军工事业部主任孙劼以及联想集团副总裁、首席市场官王传东，伊利集团副总裁王宝全，云南白药党委书记、副总裁王锦，劲牌有限公司董事长吴少勋，郎酒集团副总裁李明政，碧桂园集团副总裁兼集团办公室主任、新闻发言人朱剑敏一起，共同启动了“CCTV国家品牌计划”。

2016年9月20日“CCTV国家品牌计划”发布会现场

一个半月后的2016年11月8日，我们举行了正式的签约仪式，首批18家企业共同发布了“CCTV国家品牌计划”宣言，表示要“为民生造福，为民族立业，为实现‘中国制造’向‘中国创造’转变、‘中国速度’向‘中国质量’转变、‘中国产品’向‘中国品牌’转变而笃志前行”。至此，“CCTV国家品牌计划-中国品牌升级服务”项目的第一批成员集结成队，为实现“品牌强国”而共同奋斗和努力。

2017年，“CCTV国家品牌计划”的运行获得了社会各界的高度认可，“广告精准扶贫”项目取得阶段性成果；一批在国内外具有影响力的国家重大战略工程相继亮相；首批入选企业享受了物超所值的品牌传播服务，效果与口碑俱佳。

2016年11月8日“CCTV国家品牌计划”签约会现场

2017年9月19日，我们再次提前发布了下一年度的经营策略，即2018年“CCTV国家品牌计划”，发布会在北京召开，“CCTV国家品牌计划–广告精准扶贫”项目的第一批受益者和四大国家部委主管品牌的官员及四省/自治区的有关领导齐聚一堂。贵州省委常委、宣传部部长慕德贵，云南省委常委、宣传部部长赵金，青海省委常委、宣传部部长张西明，宁夏回族自治区党委常委、宣传部部长赵永清，商务部流通发展司副司长尹虹，国务院国有资产监督管理委员会综合局副局长刘洋，国家工商总局商标局副局长陈文彤，国家质量监督检验检疫总局质量管理司副司长王海东参加了本次会议，并为入选2017年“CCTV国家品牌计划–中国品牌升级服务”项目的35家企业颁发印信。“CCTV国家品牌计划”2.0版本正式启航。

中央电视台在京的所有台领导悉数出席了本次发布会。在此次发布会上，央视广告经营管理中心提出了“四个坚持”：坚持广告精准扶贫的初心不变；坚持公益的理念不变；坚持入选企业的四个先决条件不变；坚持最优质资源服务最优秀企业的立场不变。

2017年9月19日"CCTV国家品牌计划"发布会现场

（从左至右分别为：中央电视台主持人白岩松，贵州省委常委、宣传部部长慕德贵，云南省委常委、宣传部部长赵金，青海省委常委、宣传部部长张西明，宁夏回族自治区党委常委、宣传部部长赵永清）

通过一年的实践，央视广告经营管理中心对"CCTV国家品牌计划"进行了整体优化，并正式对外公布"CCTV国家品牌计划"2.0版本。2.0版本的"CCTV国家品牌计划"增强了公益内容，加强品牌服务，受到了更多政府部门、事业机构和企业的认可。

2017年11月8日，央视广告经营正式采用签约仪式确定"CCTV国家品牌计划-中国品牌升级服务"项目入选企业，签约仪式仅涉及签约双方，全程不设置观摩票，不安排网络直播，不邀请记者采访，回归了社会服务的本质。1994年11月8日，央视广告部举办了首届广告招标活动，此举在产品单一、价格为王的年代具有划时代的意义。"CCTV国家品牌计划"是对过去央视广告招标模式的颠覆性创新，从理念、模式、产品、规则等各方面都实现了对以往招标模式的突破。从招标转变为签约，亦是央视广告经营转型的重要标志。

2017年11月8日“CCTV国家品牌计划”签约仪式现场

启动“CCTV国家品牌计划”体现了央视作为国家电视台的平台自信、价值自省与使命自觉。一个国家的梦想是中国梦，一个民族的梦想是复兴梦，一个国家电视台的梦想正是记录、见证、传播这个伟大的梦。那么，作为国家电视台的广告经营部门，它的梦想是什么呢？它应该始于广告，但不止于广告。我们的梦想，就是要为我们的国家、为我们的民族寻找、培育、塑造一批国家品牌。这一梦想令到场的每一个传统广告人和企业品牌主管激动、兴奋并备受鼓舞。“CCTV国家品牌计划”自此落地生根、破土生长。

3.“CCTV 国家品牌计划”详解

“CCTV国家品牌计划”有三个重要组成部分：广告精准扶贫、国家重大工程公益传播、中国品牌升级服务。

(1)广告精准扶贫

为认真贯彻落实习近平总书记关于扶贫工作的系列讲话精神,响应习总书记“广告宣传也要讲导向”的指示,央视推出了“CCTV国家品牌计划-广告精准扶贫”项目。该项目是央视首创推出的,旨在利用央视优质传播资源为贫困地区的农产品进行免费广告宣传,以打造一批像烟台苹果、涪陵榨菜这样驰名中外的地区农产品品牌,推动地区经济发展,助力贫困人员脱贫。

央视广告经营工作始终坚持把社会效益放在首位,“CCTV国家品牌计划”推出完全公益的项目“广告精准扶贫”。

2016年9月1日,“CCTV国家品牌计划-广告精准扶贫”项目试点正式启动,央视广告经营管理中心以贵州省为试点省份。在为期4个月的试点工作中,央视通过在CCTV-1、CCTV-2、CCTV-4、CCTV-7和CCTV-13这5个频道以每日16次的频率免费播出贵州农副产品的公益广告片,取得了显著的经济效益和社会效益。

2017年,“广告精准扶贫”项目由贵州扩大至贵州、青海、宁夏、云南4省/自治区,央视以5个频道的广告资源为贫困地区的22个农产品免费播出广告。为确保“广告精准扶贫”项目取得成效,央视广告经营管理中心跨部门抽调了专门力量组建扶贫专项工作小组,经过广泛调研、总结2016年试点经验、多轮“三重一大”领导班子集体讨论,制定了2017年“中央电视台广告扶贫管理办法”。该办法在2016年的基础上,对扶贫对象界定和广告扶贫政策细则等方面进行了全面阐释和细化。同时,为使项目精准落地,中心扶贫专项工作小组还兵分多路,奔赴贵州、青海、云南等脱贫攻坚任务较重的地区进行实地调研，与各省有关部门座谈、考察、筛选推介产品。

2017年，“CCTV国家品牌计划-广告精准扶贫”项目成为央视年度重要工作之一，央视分党组在台工作会议上进行了部署，要求央视广告经营工作要坚持把社会效益放在首位，以广告的形式深入贯彻国家精准扶贫战略，这是对习近平总书记关于扶贫工作系列讲话精神的具体实践，也是央视广告工作自觉落实习总书记“广告宣传也要讲导向”的具体举措。

2018年3月，中央广播电视总台成立，作为中国规模最大的媒体航母，中央广播电视总台明确要求广告中心总结经验，不断扩大实施省份，将广告精准扶贫推及更多的地方，让更多的贫困地区和贫困人口受益。2018年，广告精准扶贫的播出频道由5个增加到8个，覆盖面从4个省/自治区扩大到8个省/直辖市/自治区：湖南、新疆、贵州、陕西、重庆、福建、宁夏、青海。这些贫困地区的46个具有当地特色的农产品将登上央视银屏，让更多人和地区受益于这个项目。

2018年6月29日，中央广播电视总台携手8个省/直辖市/自治区在北京召开“广告精准扶贫”工作交流会。中宣部副部长、中央广播电视总台台长慎海雄同志宣布将从三个方面升级“广告精准扶贫”工作，加大扶贫力度。

第一个方面，继续扩大扶贫覆盖面，在现有的贵州、青海、宁夏、福建、重庆、湖南、陕西、新疆8个省/直辖市/自治区的基础上，从2018年7月到2019年6月底，再增加4个以上的省/直辖市/自治区。

第二个方面，除了公益广告，2018年内总台的相关频道、频率、新媒体将开办“精准扶贫”专题、专栏，通过新闻、专题等多样化的节目，加大精准扶贫的力度。

第三个方面，在过去近两年投入10.414亿元广告资源的基础上，2018年7月到2019年6月底，中央广播电视总台将在一年内再拿出10亿元以上广告资源，以加倍的投入帮助更多的地区实现脱贫。

2018年6月29日，中央广播电视总台“广告精准扶贫”工作交流会

(2)国家重大工程公益传播

2017年，中央电视台广告经营管理中心推出“CCTV国家品牌计划-国家重大工程公益传播”项目，该项目旨在及时将我国重点领域取得的重大成就和最新成果广而告之，通过定制化的传播方案，塑造、传播大国重器的品牌形象。这也是一个完全公益的传播项目。

通过与国家发改委和中国科学院等部门多次沟通，央视广告经营管理中心与这些部门共同梳理了一些权威性很强的战略性工程作为该品牌传播项目的第一批入围名单，它们都是能够体现我国科技水平、具有尖端性和民族自豪感的项目。针对这些对观众来说“闻其名未谋其面”的国家重大战略科技工程，我们用纪实表现手法制作了一组系列主题广告，让观众了解这些项目以及其背后科学家们的“伟大”和“平凡”，在全社会营造更加尊崇科学、更加热爱党和国家的良好舆论环境。

国家基因库项目

国家基因库由国家财政拨款建设，为生命科学研究和生物产业发展提供基础性和公益性服务平台，储存和管理本国特有的遗传资源、生物信息和基因数据，是具有国家水平、服务国家战略需求的公益性创新科研和产业基础项目，更是人类大健康的基础平台。

人工智能（机器人类别）

人工智能是国家支持、企业自觉开发的战略工程，包括人脑工程、机器人、智慧生活等。我们聚焦在机器人领域，这方面目前中国还不是最强大，但是在深圳、沈阳、北京、上海等地，已经有很多中国企业取得了不俗的成就，在智能制造、智慧家居、生活服务等方面有显著进步。

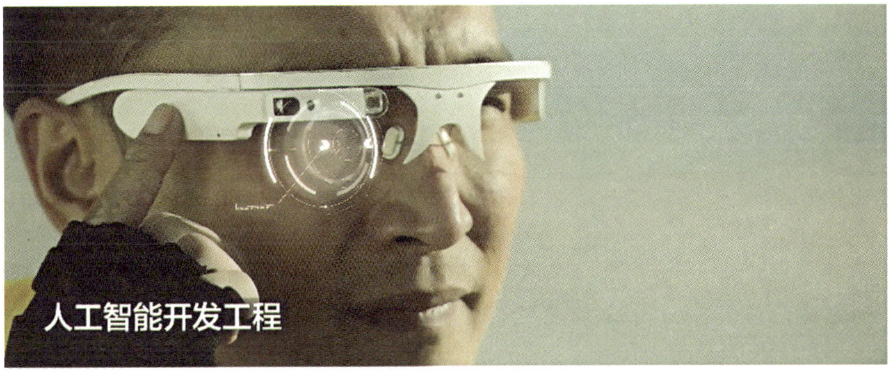

航空发动机及燃气轮机

研发“中国制造”的航空发动机及燃气轮机可以称为富国强军战略，是航空发动机及燃气轮机、大飞机、大轮船、大火箭必备之核心，对于让我国跻身国际航空领域的先进国家行列意义重大，目前正处在攻坚阶段。

长短波授时系统

该系统是国家高度重视的高精度时间传递和同步技术研究，是中国自己的格林尼治时间，可以为国民经济诸多行业和部门提供可靠的高精度授时服务，对国家电网运行、导弹、卫星、银行等金融领域有极大的战略安全保护作用。

北斗导航系统

中国北斗卫星导航系统是中国自行研制的全球卫星导航系统，是继美国全球定位系统（GPS）、俄罗斯格洛纳斯卫星导航系统（GLONASS）之后第三个成熟的卫星导航系统，在全球众多领域——交通导航、农业、地质勘测、导弹飞行、民航等领域的应用中具有极其重要的战略意义。

2017年央视启动实施国家基因库、人工智能、北斗导航系统、航天动力、北京时间五个项目，共拍摄制作了六支公益广告片。2018年在2017年的基础之上新增拍摄六支公益广告片。

(3) 中国品牌升级服务

"中国品牌升级服务"项目在坚持国有资产保值的前提下，以社会效益为重要考量，严格把关入选的中国品牌企业，确定了入选的四个先决条件：

- 企业所属行业是国家支柱性行业或民生必需品；
- 企业及其产品具有高尚品质，且居于行业领先地位；
- 企业有成就国家品牌的梦想和胸怀，能够在市场营销方面持续投入资源；
- 符合前述三个条件的合资企业，须在中国境内生产和销售，并有获得中国消费者广泛认同的品牌诉求。

经过挑选和谈判，我们选择了几十家中国种子品牌入选"CCTV国家品牌计划-中国品牌升级服务"，接受我们的品牌培育和品牌提升服务。该项目由两部分组成：一是"TOP品牌"，二是"行业领跑者"，两者在具体的服务方面有所区别。这个服务包括线上：硬广+宣传片+品牌故事+品牌行动；线下：品牌诊断+品牌课堂+品牌理事会服务。这是一个线上线下立体的广告传播和品牌服务体系。同时，为了确保这个计划按照"共建、共荣、共享"的原则取得实效，我们制定了较完备的约束机制，比如本台线上广告执行比《广告法》更严格的播出审查标准，比如违约违规处罚措施，等等。

• 线上服务

硬广

中央电视台横向打通电视频道，结合新媒体资源组成了全中国最独一无二的传播格局。央视提供的品牌升级服务，不再是时段硬广、节目软广的简单拼接，而是“固定资源+配套资源+整合传播资源”的全方位传播方案，萃取CCTV-1《新闻联播》《天气预报》《焦点访谈》之间的核心资源，整合形成多频道“1+N”的传播格局，并通过“央视新媒体矩阵”为“CCTV国家品牌计划”成员企业提供全终端跨屏传播服务，契合重点客户广告需求。

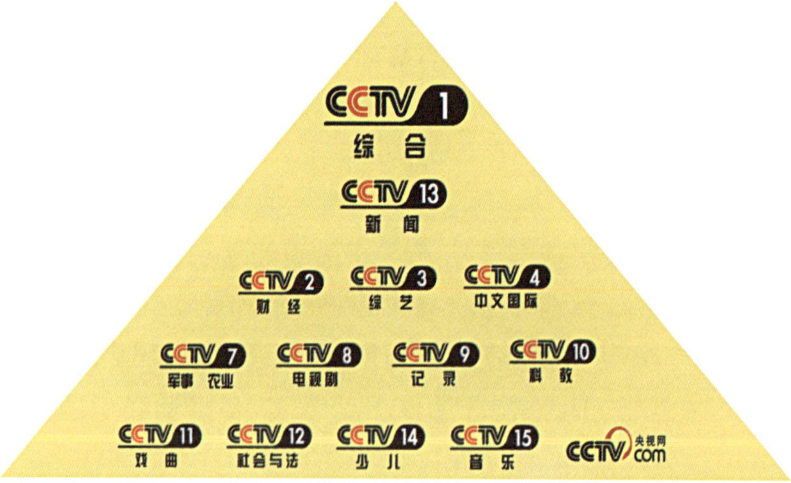

创新设计“1+N”传播格局，横向打通全台最稀缺的黄金资源

固定资源部分，全年固定的资源，不能选择，不能变更。包括主资源和固定配套资源。主资源包括CCTV-1和CCTV-13并机播出的《新闻联播》后、《天气预报》后、《焦点访谈》后的广告资源，固定配套资源包括CCTV-1和CCTV-13并机播出的《朝闻天下》资源以及CCTV-1《今日说法》《第一情感剧场》《黄金档剧场》和22:30精品节目等相关资源。

自选配套资源是为了满足入选品牌多层次、个性化、整合传播的需要，这部分资源设置了相应的资源池，“TOP品牌”和“行业领跑者”资源池有所不同，但是均包括了央视几乎所有开路频道的优质广告资源和央视网的融媒体资源，企业可以在相应的配套资金额度范围内选择最适配自己的资源。

品牌形象宣传

由央视制作形象宣传片，强化植入入选企业的元素，持续传播“CCTV国家品牌计划”价值理念。同时，在元旦、春节、3·15消费者权益保护日、中国品牌日等重要时间节点，为入选企业定制主题宣传片。这些形象宣传片不仅多次为企业进行广告传播，更是将品牌与品牌相互联结，将品牌与重要事件相互联结，提升了品牌的张力和高度。

品牌形象宣传片企业家致敬画面

此外，央视广告经营管理中心还大规模在线下投放了主题广告，对入选的企业进行地面品牌传播，覆盖了北京、上海、广州、深圳等20多个城市的机场，时间横跨整个春节，引发了广泛的关注。

2017年昆明长水国际机场“CCTV国家品牌计划”主题广告

品牌故事

央视广告经营管理中心为每一家入选企业精心制作3分钟国家品牌故事短片，通过多频道、多频次播出，让每个企业的独特文化及品牌故事打动更多的人。

链接　比亚迪：听一位两个孩子的妈妈讲述有关比亚迪的故事

2017年3月11日晚，CCTV-1播出了由广告中心和比亚迪共同制作的品牌故事短片《新能力引领新能源》，播出以来，获得了媒体人和企业界的广泛好评，更打动了不少观众，特别是千千万万的妈妈们。片子以一个比亚迪女员工，也是两个孩子的妈妈的视角切入，用她自己的切身感受讲述对孩子和城市未来的担心，也娓娓道出了比亚迪的品牌故事和使命。

影片将比亚迪的技术努力放置在关乎人类未来的转折点上，讲述比亚迪提升驯电能力、解决城市问题的故事。这一立意将比亚迪的梦想提升至国家品牌使命的高度，成为“CCTV国家品牌计划”首批品牌故事片的优秀样本。当前，城市发展面临诸多问题，但空气污染和交通拥堵尤为严峻，已经成为全球城市的两大顽疾。作为全球新能源整体解决方案的开创者，比亚迪深知这两大顽疾正在扼杀我们的城市，也为城市发展提出了创新的解决方案。

【影片部分文案】

“每天出门时，要不要戴口罩，会不会堵车，这样的问题，让我们越来越担心孩子和城市的未来。”从公众感受进入，以城市顽疾提问，比亚迪用自己的努力向时代作答。

人类发展经历了两次重大革命—驯化火、驯化电。

在驯化火的过程中，是陶器和冶炼技术让人类真正走出蛮荒；

驯化电的历程上，一定也有一种创造能带我们走出现实困境。”

品牌行动

集结入选企业的产品、服务、管理、社会合作等重要商务信息，充分利用多频道商务资源，及时响应企业的重大商务需求。

• 线下服务

品牌诊断

邀请国际国内一流品牌专家为入选企业提供品牌顾问、品牌咨询、品牌诊断等服务。央视广告经营管理中心的工作人员与“中央电视台品牌顾问”组成“品牌问诊”小组，上门为“CCTV国家品牌计划”的成员提供品牌咨询服务。“品牌顾问”团队目前有30多人，均为中国传媒、广告、经济、咨询学界和业界的知名专家，例如中国传媒大学广告学院资深教授黄升民、华南理工大学教授段淳林、央视市场研究（CTR）总裁徐立军等专家学者。

邀请国内外知名专家和机构为入选企业提供专业品牌服务。不仅在国内开课，还延伸到戛纳国际广告节、世界500强总部等国际舞台，整合全球创意为中国品牌参与世界市场竞争服务。

2017年10月，国家品牌课堂第一节课开课，来自戛纳创意节、Google Zoo、BrandZ、奥美等组织的创意人以“创意无可取代”“创意的实效性”“了不起的大创意”“创意与文化间相互滋养”“本土品牌的力量”为主题分享了自己的创意心得。

链接 CCTV 国家品牌课堂·戛纳狮子创新论坛

“创意如何成就更高的投资回报？”这是所有广告主、广告代理商乃至媒体界共同关注的问题。以此为出发点，汇集了戛纳创意节主席Terry Savage、Warc亚太区董事总经理Ed Pank、Google Zoo亚太区创意总监Matty Burton和Dave Bowman等多位全球顶级创意大师的“CCTV国家品牌课堂·戛纳狮子创新论坛”于2017年10月30～31日在北京新国贸饭店举行。会议由央视广告经营管理中心主办，中国广告协会互动网络分会协办，众成就数字传媒集团和中视金桥国际传媒控股有限公司承办。海尔、格力、伊利、中国联通等30余家“2017CCTV国家品牌计划”入选企业的高层参加了论坛。

戛纳创意节主席Terry Savage在会上作主题演讲

CCTV 国家品牌计划发展与创新理事会服务

2017年7月9日中央电视台广告经营管理中心成立了CCTV国家品牌计划发展与创新理事会，负责“CCTV国家品牌计划-中国品牌升级服务”项目成员之间的相互学习，从而创造了一种新的交流方式。理事会统筹协调政府、媒体、入选企业的各类资源，触发它们的内部合作，将实践和理论研究有机地结合，共同推动中国品牌向中国国家品牌升级。服务形式包括举办高峰论坛、走访成员单位等。

“CCTV国家品牌计划”所有成员单位均为理事会理事。理事会设轮值理事长一名、轮值副理事长两名，每年由成员单位与央视广告经营管理中心共同推举产生。理事会下设秘书处，负责成员单位的日常沟通与协调工作。秘书处设在央视广告经营管理中心，由央视和理事长、副理事长单位具体工作人员组成。“CCTV国家品牌计划”正逐步成为优秀企业交流学习、触发内部合作需求的平台。

2017年9月9日，CCTV国家品牌计划发展与创新理事会第一次活动正式成行，理事会组织成员单位参访华为，华为消费者业务CMO张晓云女士为CCTV国家品牌计划发展与创新理事会轮值副理事长，理事会成立两个月之际即促成了“华为行”首次倡议活动。茅台、洋河、碧桂园、美的、京东、比亚迪、海航、金一、金龙鱼、红星二锅头、阿里巴巴、爱玛、长安汽车、蓝月亮、环亚、力诺、北汽幻速、长城汽车、马可波罗、郎酒、劲酒、君乐宝等理事会成员单位纷纷到场，理事会策源地牡丹江市长高岩也莅临现场交流。

链接 “国家品牌高峰论坛”发布“牡丹江倡议”

2017年7月9～10日，以“构建中国国家品牌—创新、绿色与开放”为主题的“2017 CCTV国家品牌高峰论坛”在黑龙江省牡丹江市成功召开。多位政府代表、资深专家学者与33家“CCTV国家品牌计划”入选企业等共聚共商国家品牌发展大计。

为加强沟通、凝聚共识、形成合力，由中央电视台发起，“CCTV国家品牌计划”全体成员单位组成的CCTV国家品牌计划发展与创新理事会在本次高峰论坛期间成立。理事会发布了“牡丹江倡议”，号召“CCTV国家品牌计划”全体成员企业发挥榜样示范作用，以身作则，勤修苦练，为做大做强中国品牌而矢志不渝、砥砺前行，严格履行社会责任，坚持诚信为本和绿色发展，积极投身于扶贫助困和公益慈善事业。此次高峰论坛选举茅台集团总经理、党委书记李保芳为“CCTV国家品牌计划”首任理事长。

2017CCTV国家品牌高峰论坛现场

交流现场，华为消费者业务副总裁徐钦松表示，“CCTV国家品牌计划”是中国向高端营销、高级制造转型的战略里程碑，坚信中国会有越来越多的企业由此走向世界、挑战全球品牌。华为张晓云女士讲述了自己对未来品牌建设方向的期待，表示希望通过技术创新和文化创新两条路线打造标志性的全球品牌。华为消费者业务首席质量官马兵先生作了“华为质量体系”主题分享。他指出，华为设定的质量目标是要让华为成为通信行业高质量的代名词。

红星、阿里巴巴、美的、长城汽车、茅台等理事成员就芯片在智能家电、汽车互联网、白酒防伪等领域的应用等问题进行了热烈探讨，并触发了合作的可能性。阿里巴巴媒介部总监周媛媛表示阿里巴巴在人工智能、支付等领域与华为等理事成员有重合之处，愿意和在座所有优秀企业共建行业繁荣生态。

2017年CCTV国家品牌计划创新与发展理事会“华为行”

2018年5月17日，央视广告经营管理中心再次启动理事会服务，在贵州茅台集团组织开展“CCTV国家品牌计划”发展与创新理事会成员单位交流活动，蓝月亮、汇源集团、鲁花集团、云南白药、苏宁、郎酒、洋河、君乐宝、红星二锅头、北汽集团、京东、国美、加多宝等三十余家理事会成员单位到场，就企业品牌建设、“一带一路”走出去等议题进行了深入沟通。

通过以上活动，我们可以清晰地看出“中国品牌升级服务”项目是一个充满公益理念的品牌传播、培育项目。由它和前述“广告精准扶贫”项目和“国家重大战略工程”项目共同构成的“CCTV国家品牌计划”已经完全超越了一般意义的广告，是一项非典型广告创新实验，是有责任、有担当、有使命的创新实践。

二、变革管理模式

管理上有一句名言，叫“结构决定行为”，即组织结构决定了组织的行为能力及目标达成。为适配新时代的媒体经营理念和经营方式，中央电视台广告经营管理中心在组织架构、管理机制、能力建设上进行了全面变革，向管理要效益，为“CCTV国家品牌计划”提供组织保障，以确保“服务型”媒体经营工作转型的顺利展开。

1. 建立面向市场的组织架构

中央电视台广告经营管理中心坚持以资源为核心，以任务为目标，以营销为抓手，以服务为纽带，对岗位配置进行联动调整，形成“321”的部门结构，即三个销售部门、两个营销支持部门、一个运营保障部门。

一是人力资源向一线营销部门集中，调整人员配置，广告经营工作一线人员和岗位增长了近3倍。

二是增加客户服务队伍的功能，由原来销售和产品设计两分开的岗位设置，整合为产品设计和产品销售一体化的工作设置。央视广告产品从设计到销售的全流程整合在同一个部门内完成，对内提高了资源利用率，降低了沟通成本；对外改善了客户体验，提升了央视广告经营的核心竞争力。

三是建立以资源为核心的广告经营模式，改变运行多年的以行业为核心的广告经营模式。近年来，我国经济的快速发展带来了两大新趋势：一是行业实力此消彼长，原有的行业平衡被打破；二是“互联网+”打破了行业壁垒，不少客户难以进行行业归类。为此，央视广告经营管理中心打破了一贯以来按行业划分客户的方式，将基本经营单位下探到每一个客户，同时还将各行业竞品分开，将竞争企业的信息分散管理，进一步加强了对客户商业机密的保护。通过客户划分模式的改变带动营销专业性的提升。

四是重建以广告销售为核心的业务流程，强化各业务群组的关联，形成了“前方招商创佳绩，后方管理扎篱笆”的经营矩阵。除一线营销部门外，央视广告经营管理中心对后台的销售支持部门及行政部门也进行了以营销为导向的联动调整。在品牌服务方面，央视广告经营管理中心加强了策略研究、公关传播、市场推广等服务职能和人员配置；此外，还从全台引进专业人才，为宣传片、品牌故事、品牌行动的制作奠定专业基础。

为适配以资源为中心、产品设计与销售一体化的新经营模式，央视广告经营管理中心加强了对资源、价格的管理，新增了销售管控职能作为一线营销的制衡约束部门，全面管控业务风险，监督销售进程。

在组织架构调整的基础上，央视广告经营管理中心完善了绩效考核方案，建立健全了以营销为导向的激励机制：一线部门负责营销，二线部门全力配合营销；一线部门的销售完成情况与二线部门的配合程度直接挂钩；明确一线营销部门的经营目标，将销售资源分包到人，销售任务分解到人，人与资源、人与任务三位一体、一一对应。资源销售量和任务完成量成为绩效考核、奖金发放的最核心依据，减少了人为因素的干扰，打破了“大锅饭”现象，将干部和职工一并进行考核，鼓励“能者多劳，多劳多得”。

2. 强化内外部组织管理

中央电视台广告经营管理中心作为具体的广告业务管理部门，在维护广告营销市场秩序、净化广告环境、塑造社会诚信体系方面有着强烈的责任自觉和义务担当。理顺内部管理，严格决策程序，从源头保证决策科学、管理规范，有助于顺利推进央视广告经营新理念、新作为的落实。

中央电视台的广告经营按照国家的有关规定，严格实行代理制。在央视投放广告的企业客户，应通过经央视授权的广告公司办理在央视的广告投放业务。而代理广告客户的广告公司，则应首先取得中央电视台广告经营代理授权书，央视的部分频道、栏目或项目，也会以承包的方式委托给广告公司代理经营，央视广告经营管理中心对这些代理公司开具承包项目的《委托书》。

在央视广告经营这个大家庭中，广告代理公司是电视台和广告主之间有效的沟通桥梁，也是央视广告经营转型不可或缺的重要环节，它们与央视的品牌形象和经营生态共荣、共存。如何传达央视在新时代的广告经营新理念、新作为，将“广告宣传也要讲导向”一以贯之？如何管理这样一个庞大的外部组织，共同维护央视的品牌形象，激发其销售活力？如何规范代理公司的广告经营行为，实现央视、客户、代理公司三方共赢？这些问题已成为当下央视广告经营转型必须思考的命题。

（1）内部严格决策程序

从2016年开始，央视广告经营管理中心更加严格决策程序，刚性执行“三重一大”会议议事规则，对中心重大问题决策、重要干部任免、重大项目安排和大额资金使用进行民主决策，安排专人负责会议组织和记录，全年共审议213项议题、形成会议纪要约41万字。

央视广告经营管理中心强调业务纪律，严格执行协议，先后梳理制定了“中央电视台广告核价体系”“中央电视台广告承包管理规定”“中央电视台广告代理公司管理规定”“中央电视台广告代理公司的激励办法”等19项重要的业务政策，涵盖了从资源开发、渠道管理到产品销售、合同执行等所有环节，使经营工作事事有标准、处处有规矩。

最后，央视广告经营管理中心严格执行“先付款后播出”制度，全年无欠款，这在国内媒体广告经营史上是首例；同时清理历史欠款，以使今后的广告经营工作能轻松上阵。

（2）建立信用评级制度

近年来，广告市场快速发展，媒体格局激烈变化，为维护广告营销市场秩序，央视广告经营管理中心从2016年开始，历经半年，深入广告代理公司广泛开展调研摸底，与银行机构加强沟通合作，于2017年初步建立了广告代理公司信用评级机制，并相应出台了广告代理公司信用体系管理办法。

借鉴商业信用评价办法，央视广告经营管理中心自行研发了一套信用管理指标，信用等级评定的主要依据为：代理广告投放金额、代理业务年限、代理业务诚信记录、合同执行及履约情况、不良记录情况等。该制度的出台有利于规范广告代理公司履约及信用管理，维护央视广告营销市场秩序，激励广告代理公司提升业绩、拓展业务，实现互惠共赢。通过对700多家广告代理公司进行综合评定，中央电视台广告经营管理中心评选出20家左右AAAA级代理公司，中国本土4A广告公司从此诞生。

2017年中央电视台AAAA级广告代理公司代表合影

通过建立信用评价体系规范市场参与各方的经营行为，有利于共同维护央视的平台地位、提升的商业价值，同时加强广告代理公司对习总书记系列讲话精神的学习，使它们重新认识央视的传播价值，不断提升专业素质，向社会展现中国广告界的标杆形象。中国广告协会会长张国华称赞说："中央电视台（广告经营管理中心）坚持不懈进行广告代理公司授信评级机制的建设和发布，为业界树立了榜样，建立了标准和标杆。"

3. 重视组织能力建设

（1）"三熟"岗位练兵

"打铁还需自身硬"，2016年开始，央视广告经营管理中心创新开展"三熟"业务练兵活动，即熟悉电视节目、熟悉广告产品、熟悉企业需求。首先通过完善客户沟通提案标准化设计和系统化培训，提升语言表达和视觉冲击力；其次要求客服人员掌握最新境内外广告行业研究成果，运用研究成果，了解客户的发展阶段、历史投放效果，应用央视的成功案例，模拟客户的广告投放需求，增加客户拜访的营销说服力；最后开展产品推介演讲比赛，检验业务培训成果，全体营销人员逐批参赛、人人过关，并评出最佳推介奖和最佳PPT设计奖。

这一系列岗位练兵切实提升了销售人员的资源销售专业能力、客户沟通能力，以及对行业形势及客户问题的判断力，确保了销售人员从资源策划、产品设计、营销推广的全流程业务的运用水平。同时，借助外部智库力量，通过举办行业论坛、与咨询机构合作培训等方式，央视广告经营管理中心为客户的营销难点诊脉，为其提供定制化解决方案，全力冲刺销售目标的完成。

（2）广告审查“金标准”

“广告宣传也要讲导向”，最直接的体现便是广告内容政治正确、信息真实、有文化、有格调、不低俗、不虚假。从审查、复核到编排、播出、监播，央视广告经营管理中心形成了一套业界最严的广告内容审核播送机制，保证播出的每一条广告都安全、可靠。央视执行比《广告法》更严格的播出审查标准，层层把关，多级审查，锻造出了业界审查的“最严金标准”。

《广告法》是央视审核广告的最基本的法律文件；此外，鉴于广告涉及商业竞争、价格促销等因素，因而《反不正当竞争法》《价格法》等也是央视进行广告审查的重要法律依据。医药类广告由食品药品管理监督管理局进行审查，只有拿到食品药品监督管理局广告审查批准的，央视才会按照播出规范和审美需求进一步审核，审核通过才能按合同执行播出。

近年来，随着中国经济的快速发展，相关的广告法律法规也不断在调整，央视广告经营管理中心不断加强审查工作的学习及研究，进一步钻研《广告法》及各行业法律法规，巩固已有知识。例如，2016年央视广告经营管理中心根据新发布的《慈善法》《政策性文件废止失效目录》《关于移动游戏出版服务管理的通知》等审查标准内容，及时对广告审查标准进行了修改。

法律层面的审查为形式审查，资质完备即可，央视广告审查标准高于《广告法》的主要原因就是采取了实质审查，央视广告经营管理中心通过实地考察了解企业的真实情况，研究企业有没有负面消息，是否对媒体公信力有影响等，不着眼于短期利益。

链接

拒绝“1元云购”登上央视荧屏

2016年3月16日，中央电视台收到了这样一份广告脚本，十几个分镜头，涵盖了一个年轻人从收到大学录取通知书，到庆祝毕业、步入婚姻殿堂，再到合家团聚的种种幸福时刻。这是一个很温暖人心的广告创意，它最后的定版是:“1元云购，为每一个瞬间。”

所谓“1元云购”，举个例子，就是把一件价值1,000元的商品平分成1,000份出售，每份1元，1,000份全部售出后抽出一名幸运者获得商品。针对这种新型的经营方式，当时并没有相关的监管规定和广告审查标准。面对这样的广告文案，央视广告经营管理中心深入研究了有关法律法规，认真调查了其运作模式，发现其中存在涉嫌变相赌博和诈骗的可能。央视拒绝了这条4,000万元的广告。不仅如此，央视广告中心还向节目部门提示了风险，堵住了“1元云购”企图绕过广告监管、通过赞助节目登陆国家电视台的想法。时隔一年零四个月后，2017年7月19日，互联网金融专项整治工作领导小组办公室正式将“1元云购”定性为变相赌博和涉嫌诈骗，在全国范围予以清理整顿。

三、打造生态圈

近两年中国媒体行业既蓬勃发展又滋生野蛮生长，监管与治理的力度空前，舆论场多元发声此起彼伏，各种“价值论”冲撞，没有定论，造成混乱，引发市场焦虑，导致企业营销“惜售”和“无序”。中央电视台作为中国最大的电视媒体机构，率先辨析媒体乱象，发现电视媒体的价值，并且把这种媒体价值透过各种方式不断地传递出去，从而深刻影响了广告学术界、媒体方、广告界、企业和内容制作者等。央视广告经营管理中心的研究发现影响了一批处在焦虑深处的人，让他们回归常识，共同迎接新挑战，一起走向新成长。

“广告宣传也要讲导向”，这既是一个重大理论命题，更是一个重大实践课题，需要我们从理论和实践的结合上进行深入探讨。中央电视台以“CCTV国家品牌计划”为抓手进行经营转型升级，从某种程度上而言，这是对行业的重大创新和颠覆。“CCTV国家品牌计划”有别于之前的广告经营模式，它将品牌的外延扩展到了国家战略和经济发展的层面。新时代媒介形式多样，传播形态多元，各种参与方相互交错、相辅相成，仅仅依靠一方力量单打独斗必然是不会成功的。因此，必须用生态建设的理念来为其形成势能，让各个关联方参与其中，一起理解、研究和实践。

目前，央视广告经营管理中心紧密联系高校专家学者，加大宣传力度和广度，平均每年举办近30多场推介会，覆盖家电、家居、健康、汽车、金融、珠宝等重点行业，触达5000余家客户，为全面转型打造良好的舆论生态环境。

1. 凝聚学界智慧

2017年伊始，央视广告经营管理中心就聘请了36位专家作为“中央电视台广告经营管理中心2017年度品牌顾问”。来自清华大学、北京大学、中国人民大学、中国传媒大学、南开大学、厦门大学、武汉大学等十几所院校的传媒广告学教授以及来自国家统计局、国务院发展研究中心的专家学者，和央视广告经营团队齐聚一堂，畅谈他们对于当下经济发展、传媒格局和广告经营领域的思考。专家学者与央视广告经营管理中心就媒体环境、中国市场和中国品牌、电视广告经营、央视广告经营策略这四部分进行了热烈的讨论。

2017年10月15日，央视广告经营管理中心再次举办专家研讨会，结合央视一年以来的广告经营和理论建设，与更多的高校学者进行思想碰撞和理论创新。这一次，专家队伍再次扩充，参与的高校和机构更加丰富，浙江大学、国家统计局、中国广告协会等成为新的参与者。目前，这种专家策略研讨会已成为央视广告经营工作的一种固定活动，每年定期举办，与学界、业界相互探讨 “广告宣传也要讲导向”“把社会效益放在首位”“发现媒体的价值”等课题。

2017年3月15日专家研讨会合影

央视广告经营管理中心抛砖引玉，发表了《2017，再论电视的力量》《“广告投放回归央视”到底说的是什么》等文章，系统阐述了央视在新时代的媒体地位和媒体价值，在嘈杂、分散的媒体环境中，凝聚大众对央视价值和使命责任的新认知，形成良性、健康的央视舆论生态。

链接 研讨会专家理论集锦

“中央电视台不能改变形象，中央电视台就是国家媒体，我不希望用媚俗的形式发展什么节目，这不是中央电视台该做的事情。品牌真正的拥有者是顾客，顾客要认可你的品牌，一定要有个传播的过程，传播的过程广告是一种形式。讲故事首先你得有故事可讲，国家品牌一定要有国家品牌的国家形象，比如说这个品牌有创新，引导行业发展，给社会公众带来了这么多的便利，华为将来就可以谈这样的创新故事。”

——中国人民大学商学院教授 刘凤军

“中央电视台的核心在于内容和话语权，这个是永远需要的，无论媒介有什么样的变化，只要内容好，永远没错。所以我觉得从总体上来讲，要深化改革还是要做好内容。”

——清华大学新闻与传播学院副院长 崔保国

“在视频这块，依然是大屏电视为主，在受众的影响还有故事的叙说、品牌的宣传上，目前没有能替代电视的媒体。做好品牌的传播，保持品牌的热度，就会有收获。”

——中国传媒大学资深教授 黄升民

“今天的传播不是过去那种一次性传播，我们完成一次性的投放、一次性的覆盖，就万事大吉了。今天的传播很大程度上是一个信息加工的过程，在这个加工的过程中呈现出多次传播、N次传播，基于这样的新特点来重新构建我们广告和营销的新格局、新逻辑。”

——北京师范大学新闻与传播学院执行院长、教授 喻国明

“现在有很多新媒体如雨后春笋般层出不穷，消化吸收了一些企业的预算，但是企业却很茫然，不断反思这些APP、网站真的有效吗？”

——上海师范大学人文与传播学院副院长、教授金定海

“《财富》杂志评选出的全球最受赞赏的公司，这个名单到去年为止，中国企业一直是零。”

——Meta Think 根元咨询主席兼首席执行官 陈富国

“媒介广告增长需要不断研发新的产品，而且新的广告产品的价值要在现有的基础之上能够得到提升。”

——武汉大学新闻与传播学院副院长、教授 姚曦

“广告展示的创新就是电视台怎么样提供一个全新的沟通机会，让我们的品牌在做广告的时候不那么无趣。”

——知本策略策略长 谭泽薇

“媒体和媒介是有区别的。媒体本身富含的信任资源和情感资源，是远远没有被开发出来的。中央电视台作为国家电视台的媒体价值，也是有待开发的，而不仅仅是媒介。”

——央视市场研究总裁 徐立军

2016年3月15日专家研讨会第一组讨论现场

专家学者在央视广告经营管理中心的理论建设和转型实验中找到了理论灵感和依据，自发撰写了相应的理论文章，例如中国传媒大学教授黄升民撰写了《未来中国只有走品牌之路》《谁人在唱大风歌》等文章，华南理工大学新闻与传播学院副院长段淳林撰写了《"CCTV国家品牌计划"让广告进入"品效合一"新境界》，上海师范大学人文与传播学院副院长金定海撰写了《走在一起，就是所有》等文章，形成了学界研究央视转型，央视广告经营成功案例反哺学界研究的良好互动。

专家们的研究成果在央视广告经营管理中心主办的各种论坛上进行理论分享、扩大影响力，例如邀请中央党校国际战略研究院教授赵磊、中国人民大学重阳金融研究院高级研究员刘戈在"2017年CCTV国家品牌计划高峰论坛"进行主题演讲，邀请华南理工大学教授段淳林、CTR北方区执行总监赵晖等专家学者在"CCTV国家品牌计划"走进山东分享会上与企业和广告公司高层进行品牌理论和品牌案例方面的分享。这种分享也不断扩展到各大高校的学术论坛，例如清华大学新闻与传播学院主办、社会科学文献出版社、中国新闻史学会传媒经济与管理学会合办的"第七届传媒发展论坛暨《中国传媒产业发展报告（2016）》发布会"、中国传媒大学广告学院举办的"中国传媒趋势论坛"，等等。

2. 自我传播能力的提升

（1）守好用足自我传播阵地

近年来，央视广告不断提升自己的传播渠道搭建能力和内容创作能力，以中央电视台广告经营管理中心的官方微信（微信号：央视广告经营管理中心）、微博（微博号：央视广告经营管理中心）、网站（http://1118.cctv.com/）为信息首发窗口，辐射合作网站、报纸、杂志等多媒体渠道，形成了全方位的内容发布网络。央视广告经营管理中心官方微信每个工作日发布3～4篇文章，目前已有粉丝近8万人（截至2017年年底），2016年比2017年年底增长了50%。官方微博目前粉丝近4万人，粉丝量每年稳中有升。央视广告经营管理中心官方网站每日更新文章2~3篇，并于2017年4月改版全新上线。作为广告经营管理中心主任，每一天不论多忙，我都一定会亲自审看每一篇文章。

在发布内容方面，央视广告经营管理中心微信公众号突出宣传央视的整体传播价值、频道价值，彰显央视的影响力；及时发布重点节目、广告政策、广告产品等信息，助力广告销售；重点宣传企业品牌故事、广告代理公司声音、专家观点等，借由第三方说法，发挥榜样的力量，引导客户认知，例如撰写“2017CCTV国家品牌计划入选企业介绍”专题，截至2017年年底已发布案例文章177篇。其中《海尔洗衣机拿下双料第一：份额、增速！》《广汽传祺独家冠名@春晚，邀您17看春晚》《恒丰银行携手央视春晚　恭祝全国人民新春快乐》《碧桂园：善用央视影响力，企业价值突飞猛进》《金龙鱼：放心粮油，彰显“中国担当”》《“CCTV国家品牌计划”助力，蓝月亮击败外资大牌》《加多宝回归天气预报1+1投放》等文章反响热烈。

此外，央视广告经营管理中心还通过文字、图片、视频、H5等多种形式在自媒体上进行综合宣传。例如选取黄升民、乔均、徐立军、段淳林等专家观点予以发布；精修企业家海报，发布企业家谈学习十九大报告体会；制作创意H5传播“CCTV国家品牌计划”；设计“广告精准扶贫”农产品代言人组合“AP Baby”进行创意传播，等等。

(2)重视媒体合作，形成舆论氛围

除了通过央视广告经营管理中心的官方微信发布信息外，广告经营管理中心还会联结台内其他新媒体，例如央视新闻、央视财经等台内微信、微博大号对外发布信息，聚合央视的传播势能，以实现更好的传播效果。

此外，央视广告经营管理中心与传媒营销类杂志和公众号《中国广告》《传媒圈》《广告人》《广告门》《媒介》等进行内容发布及新媒体推送合作，与《三联生活周刊》《正和岛》《创业家》《VISTA看天下》等高端财经、生活类杂志、微信大号合作，根据传播需求和各杂志的不同定位与特色与之紧密结合、互相配合和相互支撑，借其平台与业界加强交流、扩大影响力。

每年“CCTV国家品牌计划”发布会前期，央视广告经营管理中心都会组织媒体联合采访沟通会，系统阐述央视广告经营的变革和整体思路，深入解读“CCTV国家品牌计划”的具体内容、实施情况等，通过《光明日报》《三联生活周刊》《经济观察报》《正和岛》《传媒圈》《广告人》等多家媒体向外传递信息。

3. 达成广告业界新共识

各行各业都有相关的论坛和盛会，聚集了这个行业最权威、最核心的人、财、物，是行业同仁相互交流、思想碰撞、探讨未来发展方向最好的机会和场合。广告业界的每一次重要聚会，央视

广告经营管理中心几乎都会参与，并向在场的各位从业人员传达央视对“广告宣传也要讲导向”的理解以及央视广告经营近年来的变革，向业内发出邀请，一起参与新时代的广告转型事业。

每一次行业盛会，央视广告经营管理中心都会传播最新的价值发现和理论创新，并都在业界产生了较大影响。以一年一度的“中国广告与品牌大会”为例，2017年我发表了题为《广告的责任和使命》的演讲，引发了业界对互联网数据造假的辩论以及对电视媒体价值的重新探索。2018年我在“2018中国家电发展高峰论坛”发表《赢在中国，赢在主流》为题的演讲，让业界更多的人认同了央视的使命和品牌传播价值。

在第十七届中国广告与品牌大会上的演讲

“中国国际广告节”是广告营销界的大事，每年央视广告经营管理中心都会受邀出席，并参与广告节中的多项重要活动。在广告节期间，央视搭建CCTV展台，展台设计高端大气，集中展现"CCTV国家品牌计划"入选企业的风采，旗帜鲜明地亮出"国家平台成就国家品牌"的定位，以吸引众多广告业界同仁前来参观、交流、洽谈。此外，央视广告经营管理中心还在广告节多个论坛上进行主题演讲，例如中央级电影电视媒体2018黄金资源联合推介会、中国互动广告高峰论坛、中国传媒趋势论坛，以回应业界提问，传递变革信息。

央视广告经营管理中心还会参加由协会主办的各类行业论坛，例如中国广告协会主办的"中国广告论坛"；中国商务广告协会、国家广告研究院、中国传媒大学广告学院联合主办的"IAI国际创享节"；以及由媒体机构举办、在广告界有较大影响力的论坛，例如"媒介趋势论坛""广告人学院"，等等。经过两年的持续沟通和分享，广告业界对新时代广告的使命、"CCTV国家品牌计划"的内涵以及央视广告经营的转型升级有了新的认知。

"走出去"不仅是中国品牌的梦想，也是中国广告业的梦想，央视广告经营管理中心在国际交流方面也大胆尝试通过国际窗口去传播中国创意，积极参与澳门广告商会主办、中国广告协会支持的"澳门国际广告节"。2017年6月，央视广告经营管理中心走进全球广告和创意界最具影响力的年度盛事"戛纳国际创意节"，戛纳国际创意节主席Terry Savage从专业角度对"CCTV国家品牌计划"表达了高度认可。

4. 构筑企业品牌新认知

处于不同阶段的企业，对品牌有着不同的认知和理解。但是企业的责任和品牌强国的梦想确实是每一个企业心中或隐或现的共同使命。为此，央视走进一些经济强省，例如广东、山东等地，解读新时代品牌的价值和使命，与一些本来就在践行品牌报国的企业家产生共振，华为、海尔、鲁花、东阿阿胶等品牌企业积极响应。央视广告经营管理中心还走进一些近年经济发展处于追赶阶段的省份，例如湖北、黑龙江等，与这些地区的部分企业家交流探讨，并就国家理想和品牌强国形成共鸣和共振，例如劲酒、飞鹤等品牌企业就志存高远。

2017年3月24日，由山东省经信委、央视广告经营管理中心共同主办的"CCTV国家品牌计划-走进山东"活动在济南山东大厦举行。海尔、海信、东阿阿胶、力诺、青岛啤酒、中国重汽、山东临工、金正大、澳柯玛、浪潮、华泰等来自山东各市的近300家企业的负责人参加了会议。会议通过案例分析、专家主题演讲、高峰对话等形式，对"CCTV国家品牌计划"进行宣传推介，激发企业的品牌使命。

2017年3月30日，"CCTV国家品牌计划-走进武汉"，6月，"CCTV国家品牌计划-走进牡丹江"，央视广告经营管理中心通过这一系列"走进"活动，在新的品牌理念引领下，参与和举办的会议论坛规模更大、议题更为深刻、关注面更为宽泛、形式也更加灵活，得到了众多企业的积极响应。

5. 做足内容营销

媒体经营是根植于媒体内容和平台优势的经营，广告尤其如此。调动节目部门和内容提供方的积极性，扩大内容的知名度，有利于内容收视率和影响力的提升。内容推介会对经营部门和内容制作方无疑是一种双赢之举。

为此，央视广告经营管理中心每年都会举办十几场重点节目和内容的推介会，在会上详细解读节目内容的精彩点和亮点，同时把相关资源、销售政策等信息及时传递给国内外众多客户，以帮助客户更好地把握这些资源。

在重点内容的推介会上，节目的主要演职人员都会悉数亮相，同时会上还会首播节目的精彩片花，邀请媒体对节目进行报道，为节目的播出造势。体育赛事特别是像奥运会、世界杯这样四年一届的世界级赛事，有着无可比拟的广告传播价值，也是国内外众多企业投放的热点资源。针对奥运会、世界杯等召开的推广会也是央视广告推广会的主要类型之一。此外，《舌尖上的中国》《挑战不可能》《朗读者》《经典咏流传》等优质节目，在播出前期都举行了媒体见面会等，对各方都起到了良好的作用。

《朗读者》节目推介会现场与冠名商北汽集团签约

四、做强公益传播影响力

中央电视台广告经营工作始终将社会效益放在首位。央视是全国唯一被中宣部、中央文明办等七部委联合授予“全国影视公益广告制作中心”称号的媒体机构，公益广告传播是央视广告经营管理中心最重要的工作之一。我们始终将媒体的责任和使命贯穿于公益广告中。自2016年开始，央视广告经营的重大创新就在于将公益广告直接切入重大主题主线宣传领域，在既有的探讨社会道德、行为规范等类公益基础之上，直接对接重大时事主题，其中最有代表性的就是“我是谁”建党95周年公益广告片、“今天我们这样爱国”和“一带一路”系列公益广告片。大格局、高规格的公益广告提升了平台的品质，而品质的提升又直接推高了央视传播资源的价值，从而影响到了经营创收。公益传播将社会效益和经济效益完美地结合了起来。

中央电视台一直就是公益广告领域最坚实的先行者和正能量传播的践行者。从1987年播出《广而告之》栏目开始，央视持续投入公益广告创意、制作和播出。2016年央视共播出321支公益广告，播出次数达25.57万次，播出时长为2,246小时，总价值高达38.2亿元。结合统计数据，央视公益广告的播出时长占到全国公益广告播出时长的75%，是中国公益传播力量的中流砥柱。也正因为如此，在始自于2016年的这场非典型广告实验的突围战中，始终贯穿其中的就是公益思想。

1. 介入重大主题主线宣传

中央电视台将习近平总书记“广告宣传也要讲导向”的指示精神充分落实在了公益广告的制播中，紧扣重大主题主线宣传，包括“庆祝建党95周年”“纪念长征胜利80周年”“爱国”“庆祝香港回归二十周年”“十三五规划”“二十四节气”，等等。

其中，“庆祝建党95周年”公益广告《我是谁》播出之后引爆网络，成为全民热议的现象级作品。媒体纷纷转发，在社交平台上刷屏不止，被称为“我党打的第一支广告”。爱国主题公益广告《一样的爱》在国庆前夕播出，成为又一支刷屏作品。“今天，我们这样爱国”的标题被民众无数次转发，民众的爱国热忱一度被引爆，民众的爱国行为也得到了全新的引导。

“迎接十九大”系列公益广告的创作选题紧扣民族团结、精准扶贫、供给侧改革、生态文明、先进事迹等核心主题，多层面展现“砥砺奋进的五年”，完美地传递了中国梦、“一带一路”、扶

贫攻坚和民族团结等国家战略发展理念。目前已播出的《古丽的中国梦》《绿水青山篇》《班彦村搬迁扶贫》《廖俊波篇》《黄大年篇》《塞罕坝篇》6支作品赢得了社会各界的普遍赞誉。

特别是在扶贫攻坚方面，习近平总书记在多次考察和讲话中反复强调“脱贫”“扶贫”，党的十九大报告中指出“要动员全党全国全社会力量，坚持精准扶贫、精准脱贫”。央视也不断在思考如何助力地方政府打赢脱贫攻坚战，为赢得全面小康建设决胜阶段的伟大胜利贡献自己的力量。正是基于这样的思考，央视在2016年首创推出了“广告精准扶贫”项目，以央视的屏幕资源免费为贫困地区的农产品播出广告。

此外，央视广告经营管理中心还推出了主题多样的公益广告，例如元宵节公益广告《灯谜篇》融合传统文化与社会主义核心价值观，教育部发文在全国中小学推广；器官捐赠主题公益广告《妈妈的心跳》获中国红十字会、中国人体器官捐献与移植委员会、国家卫生计生委等组织的高度评价。全国人大常委会副委员长、中国红十字会会长陈竺对公益广告表示了充分的肯定与诚挚的谢意，认为《妈妈的心跳》公益广告创意新颖、情节感人、诉求准确，做得很好，期望央视制播更多传播正能量、弘扬主旋律的公益广告佳作。

2. 开放公益传播合作

公益传播是全社会共同的事业，央视秉持开放共赢的理念，联结社会各界广泛合作，不断将公益广告事业做强做大。2016年以来，央视广告经营管理中心积极践行媒体责任，与中宣部、公安部、司法部、世界卫生组织、中国红十字总会等47个国家部委和社会公益组织进行公益传播合作，累计刊播公益广告100多支。

2016年以来，央视广告经营工作积极参与国际国内各类广告节，推介央视公益广告，《我是谁》《等•到》等27件作品获国内外37项奖项；持续举办全国电视公益广告大赛，打造公益广告品牌盛事，促进全民参与公益活动。

优质的公益广告内容也受到了其他媒体的热烈欢迎。中国网络电视台、人民日报、新华社客户端、腾讯、优酷、爱奇艺、今日头条、新浪、搜狐、中华广告网等媒体纷纷转载报道央视系列公益广告。春节期间，《中国年让世界相连》《中国字•中国年》亮相纽约时代广场，在"世界十字路口"传播中国传统文化；"一带一路"主题公益广告《共创繁荣》在美国国家地理频道等六大海外平台热播，为"一带一路"国际高峰论坛成功召开营造了浓厚氛围，也让更多海外华人和国际友人感受到了一带一路"共商、共建、共享"的核心理念。

第五章　事实说话

以“CCTV国家品牌计划”这个具有公益性质的品牌传播服务计划为具体抓手的这场非典型广告实验，实施一年多来，取得了怎样的效果呢？在刚刚实施半年的时候，我们与央视市场研究股份有限公司(以下简称“CTR”)进行了一项专项研究，报告一出，让客户吃下了一颗定心丸。而在其后的一年多时间内，我们不断收到来自社会各界的反馈。它们有顶级企业和企业家的认同，有来自各大媒体的报道、学习和模仿，有高校专家的评价和主动开展的相关研究，还有广告业界对“CCTV国家品牌计划”的嘉奖，等等。

我们深刻地感受到了这场非典型广告实验带来的突破。业界认为，央视广告再次引领了行业发展方向，是“广告宣传也要讲导向”的具体实践，是近年来中国广告行业的重要创新成果。

一、数据说话

“CCTV国家品牌计划”的成果牵动着很多人的心，央视、入选企业、代理公司、业界专家等，都时刻关注着。在自身数据监测的基础上，我们通过公开比稿选定了CTR来对“CCTV国家品牌计划”2017年1~6月的实施效果进行评估，形成《CCTV国家品牌计划综合影响力报告》，并综合分析“CCTV国家品牌计划”三大部分线上传播效果以及线下影响力。

1. 高频率的线上传播

“CCTV 国家品牌计划－广告精准扶贫”

2016年9月1日~2017年12月31日，央视通过CCTV-1、CCTV-2、CCTV-4、CCTV-7和CCTV-13这5个频道，以每个产品每日10次的高播出频率，免费播出贵州、宁夏、青海、云南四个省/自治区（贵州猕猴桃、贵州盘县火腿、宁夏枸杞、青海高原菜籽油、云南鲁甸花椒等）22种农产品的广告，共投入屏幕时间3,961分钟，累计播出8,662次，屏幕资源价值达6.78亿元左右，直接受益的贫困户达38.2万余户、151.2万余人。

“CCTV 国家品牌计划－国家重大工程公益传播”

自推出以来，该项目就受到了央视全台的支持和配合。该项目以公益短片的形式生动展现中国力量和中国智慧。每一支公益短片长度为60秒，在央视16个开路频道滚动播出。截至2017年12月底，国家重大工程公益传播项目共推出6支公益广告片，包括1支总体宣传片和5支专项宣传片。这些片子共计播出8,830条，播出时间长达591,510秒，刊例价值高达6亿元。项目播出后，中国航天科技集团第六研究院、中国授时中心、北京微电子研究所、深圳华大生命科学研究院等相关单位纷纷致信感谢。

2017年9～12月“CCTV国家品牌计划-国家重大工程公益传播”播出情况

项目	条数	时间（秒）
国家战略工程总宣传片	2,057	185,130
国家战略工程北京时间篇	1,744	104,640
国家战略工程航天发动机篇	1,705	102,300
国家战略工程国家基因库篇	1,568	94,080
国家战略工程北斗导航篇	1,011	60,660
国家战略工程人工智能篇	745	44,700
合计	8,830	591,510

数据来源：中央电视台 BI 系统

“CCTV 国家品牌计划－中国品牌升级服务”

根据《“CCTV国家品牌计划”综合影响力报告》，2017年仅截至6月，“CCTV国家品牌计划”入选企业硬广平均曝光次数便达到了约4,500次、触达9.6亿观众。91.7%的“CCTV国家品牌计划”入选企业广告累计接触超过150亿人次。所有“CCTV国家品牌计划”入选企业广告的平均3+到达率为56%，也就是说全国有7.6亿观众看过它们的广告3次以上。

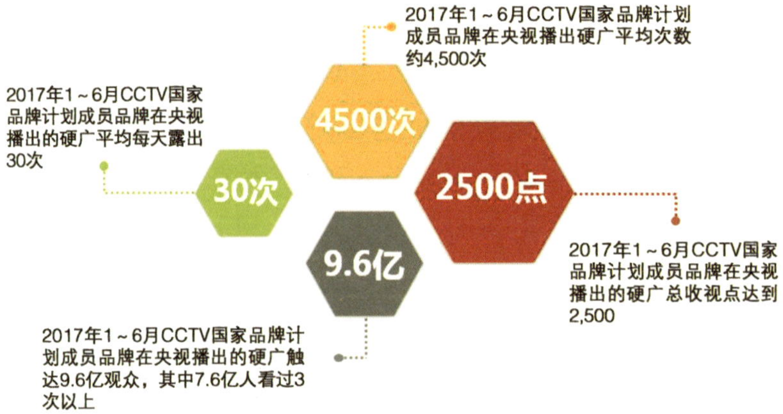

"CCTV国家品牌计划"入选企业硬广投放总体效果

数据来源：2017《"CCTV 国家品牌计划"综合影响力报告》

宣传片和品牌故事是"CCTV国家品牌计划"入选企业重要的传播资源，能够有效地提升受众的品牌忠诚度和喜爱度。截至2017年5月，中央电视台已累计播出宣传片超过30,793条、触达次数1,037亿，相当于平均每个中国人看了70多次。

"CCTV国家品牌计划"入选企业宣传片广告效果

数据来源：2017《"CCTV 国家品牌计划"综合影响力报告》

高频率的传播让入选企业更好地占领了消费者的认知，使它们在品牌提及率和认知度上有了极大的提升。以美的品牌为例，加入"CCTV国家品牌计划"后，美的累计获得2,716个毛评点，累计触达338亿人次，覆盖全国近10亿人，美的品牌的第一提及率从20%提升到了28%，美的空调的第一提及率从12%提升到了20%，美的油烟机的第一提及率从8%提升到了13%。作为家居建材行业的新秀，马可波罗加入“CCTV国家品牌计划”后，其品牌第一提及率提升了50%以上。一些多年来在行业内始终处于领导者地位的品牌，其第一提及率也有明显的提升，比如鲁花、伊利等，品牌第一提及率上升幅度达到了10%以上。

2. 高关注度的线下传播

“CCTV国家品牌计划”除了提供线上传播服务，还提供多样化的线下传播，例如在入选“CCTV国家品牌计划”之日、315京东国品日、中国品牌日等重要时间节点，央视都会联合广告精准扶贫对象、重大战略工程相关单位、入选企业等举办重要活动，通过活动发动社会舆情，共同推动舆情话题的高度曝光。

2017年1~6月，仅仅半年的时间，入选“CCTV国家品牌计划”的品牌总曝光量就已达到4,398,927次，品牌及其相关微信公众号总曝光量最高者达到491,947次、品牌及其相关微信公众号平均曝光量达到28,087次。

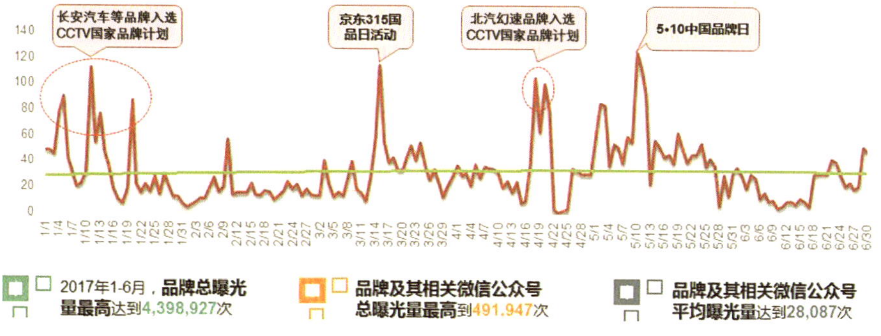

“CCTV国家品牌计划”联动各个品牌企业舆情日曝光量趋势

数据来源：2017《“CCTV 国家品牌计划”综合影响力报告》

3.“CCTV 国家品牌计划”率先 IP 化

“CCTV国家品牌计划”作为一个品牌传播项目，本身的知名度和影响力也在短期内形成了品牌力量。品牌认知率提升的幅度能够直观反映传播活动的影响力，《“CCTV国家品牌计划”综合影响力报告》显示，在我国有80.3%的消费者听说过并且知道“CCTV国家品牌计划”，有77.9%的消费者听说过并且知道“国家平台成就国家品牌”这一“CCTV国家品牌计划”的官方“宣传语”。数据表明，经过短短不到一年的时间，“CCTV国家品牌计划”的认知度已经可以比肩可口可乐深耕中国30年而累积起来的品牌认知度。

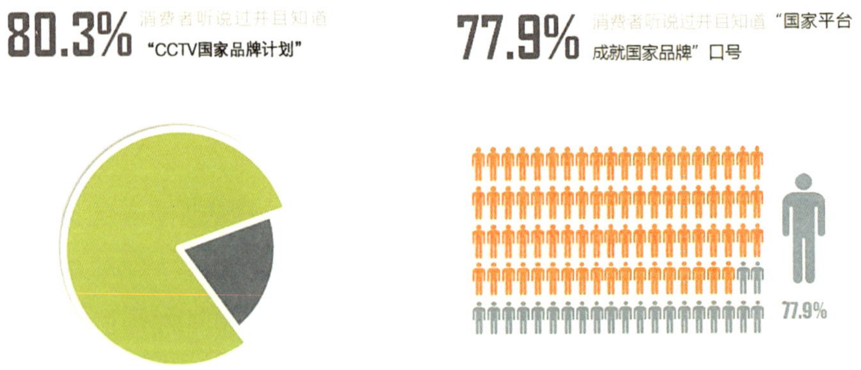

“CCTV国家品牌计划”在短时间内获得了高认可度

数据来源：2017《“CCTV 国家品牌计划”综合影响力报告》

“CCTV国家品牌计划”的传播影响力不仅体现在认知度的提升上，同样也体现在消费者对于其所传达的品牌主张的认可程度上。《“CCTV国家品牌计划”综合影响力报告》显示，94.8%的受访者表示认同“CCTV国家品牌计划”旨在鼓励和扶持民族品牌的发展；94.9%的受访者认同“CCTV国家品牌计划”有利于为我国打造具有全球影响力的民族品牌；90%的受访者认同“CCTV国家品牌计划”是成就民族品牌的上佳平台。

调查显示，大部分社会大众认为“CCTV国家品牌计划”已经不仅仅是一个广告计划，而是一个与一般的营销广告产品有明显区别、有使命、有责任的传播计划。例如，65.5%的社会大众认为“CCTV国家品牌计划”代表的是民族的品牌；64.9%的社会大众认为“CCTV国家品牌计划”是有责任感的。

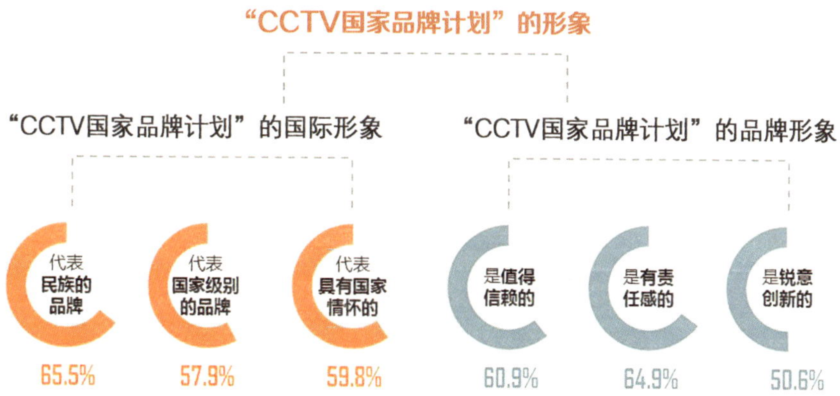

数据来源：2017《“CCTV 国家品牌计划”综合影响力报告》

此外，有90.2%的社会大众认为“CCTV国家品牌计划”是国家最高级别的发展传播规划，83.2%的社会大众表示“CCTV国家品牌计划”与一般的广告宣传有很大的不同。

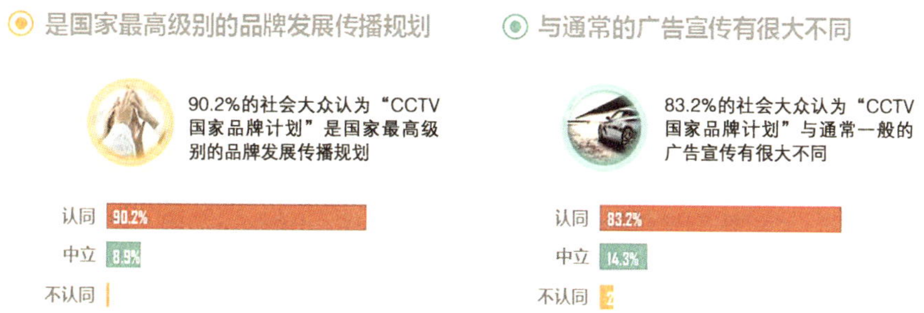

数据来源：2017《“CCTV 国家品牌计划”综合影响力报告》

“CCTV国家品牌计划”的品牌知名度和美誉度的提升，也带动了入选企业的品牌好感度和魅力的提升。《“CCTV国家品牌计划”综合影响力报告》显示，80.3%的社会大众知道某品牌入选“CCTV国家品牌计划”后会对这些品牌形成更好的印象；80.2%的社会大众知道这些品牌入选“CCTV国家品牌计划”后，去这些企业工作的意愿会增加。

数据来源：2017《“CCTV国家品牌计划”综合影响力报告》

二、客户说话

“CCTV国家品牌计划”云集了中国顶级企业，在实现“三个转变”的过程中，中央电视台和优秀企业一同开启品牌新时代，集结中国品牌的最强音，激发中国企业家的品牌报国梦想，助力中国企业全产业链的全面提升。

1. 一幅中国品牌地图

品牌的地图就是中国经济发展的地图。“CCTV国家品牌计划”让更多中国优秀的企业汇聚在一起，这让透过“CCTV国家品牌计划”看中国地区经济发展态势成为一种可能。

北京2017年GDP超过28,000亿元，是中国经济排名第二的直辖市，这里云集着大型国企总部，中国工商银行、中国移动、中国联通、中国电信、北汽集团、红星二锅头、汇源果汁、国美、京东等品牌被一一列入了“CCTV国家品牌计划”。

广东省作为我国经济实力排名第一的省，主营业务收入超百亿的企业超过260家，主营业务收入超过千亿元的企业超过25家，2017年进入世界500强的企业从4家增加到了11家，是我国当之无愧的品牌大省。在“CCTV国家品牌计划”的名单中，格力、美的、广汽传祺、碧桂园、恒大、蓝月亮、环亚、益海嘉里、加多宝、简一、马可波罗等企业纷纷亮相，使广东成为入选品牌最多的省份。而临近的深圳也是经济实力雄厚的城市，近年来在高科技领域发展惊人，华为、比亚迪等企业进入了“CCTV国家品牌计划”的地图板块。

山东是我国的经济大省，也是企业和品牌聚集的重地，经济总量连续多年位列全国第三，占据了全国经济总量近10%的份额。2016年，山东全省有49家企业入围“中国企业500强”，有76家企业入围“中国制造业企业500强”，总数均位居全国第二。在国家电视台的舞台上，来自山东的品牌尤其耀眼，海尔、东阿阿胶、鲁花、三角、金正大等品牌熠熠生辉。

在长江三角洲地区，在经济总量排名第二的大省江苏，苏宁、洋河等品牌入选“CCTV国家品牌计划”；浙江作为经济排名第四的省份，阿里巴巴、九阳、方太、喜临门等品牌入选。东北三省里有一汽集团、万达、飞鹤这些品牌入选“CCTV国家品牌计划”，华中地区的君乐宝、双汇、劲牌等也响应品牌强国的号召。在西南地区，茅台、郎酒和云南白药领跑当地品牌发展，成为地方和全国品牌发展的标杆。

2. 一腔品牌报国热情

企业领导者和决策者对“CCTV国家品牌计划”都给予了高度认可：

- 中国工商银行董事长易会满：总书记提出的三个转变，以及十九大提出的经济转型，是因为中国经济进入了一个新的发展阶段。如何进一步提升经济发展的质量，实际上核心还是一个品质，核心还是一个品牌。

- 万达集团董事长王健林：我觉得“CCTV国家品牌计划”这个创意非常好，去年推出来的，它把广告提升到了品牌的高度，不是简单地做广告，而是整个认知都发生了变化，入这个计划就意味着担负起了打造中国国家品牌的使命。

- 格力电器董事长董明珠：国家媒体如此重视实体经济，对我们来说，是幸运之事。我们不能辜负国家品牌的荣誉，感谢央视这么多年来对格力的帮助和支持。在央视拉我们的时候，我们要借力跑起来。

- 汇源集团董事长朱新礼：10年前，可口可乐曾经出价25亿美元要收购汇源果汁的业务。出高价背后，他们看中的不是一个产品，看中的是品牌和品牌背后的市场。最后国家没有同意，国家在意的也不是一个产品，国家在意的是这个产品的品牌和它的民族影响力。"CCTV国家品牌计划"对企业来讲不是广告的知名度，也不是搭上列车的荣誉，最重要的是一份责任，就是始终要保持质量，不断地创新求变，不断地为消费者服务。

- 恒大董事局副主席兼总裁夏海钧：恒大入选"CCTV国家品牌计划"，既是一份荣誉，也是一份责任。我们必须像爱护眼睛一样爱护我们的国家品牌。

在"CCTV国家品牌计划"使命和责任的感染下，企业家的品牌报国情怀被激发，为实现"从'中国制造'到'中国创造'的转变，'中国速度'向'中国质量'的转变，'中国产品'向'中国品牌'的转变"躬身践行，立足自身企业发展，以实业报国，以品牌报国。

- 北汽集团董事长徐和谊：从制造向创造转变是历史的必然，也是艰难的过程。根据中国汽车工业协会发布的统计数据，2017年中国汽车产量为2,901.5万辆，连续9年蝉联全球第一。我国是制造大国，但不是制造强国。近年来中国汽车的制造能力逐渐提升，积蓄了资金、人才、管理经验等能力，但要向创造转变，还有很长的路要走。北汽计划用10年左右的时间在以下3点发力：第一，建体系；第二，育人才；第三，树品牌。

- 碧桂园集团党委书记、总裁莫斌：制造向创造的转变，我选的关键词是“能力”。我认为制造向创造的转变最重要的是企业的产品研发投入能力、人才的集聚能力，更重要的是企业家的社会责任感。碧桂园是地产企业，追求给全世界建造又好又便宜的房子。这个方向确定之后，我们如何把产品研发能力、人才集聚能力和社会责任感做到极致，就是我们从制造向创造转变的方向。

- 格力电器董事长兼总裁董明珠：“中国速度”向“中国质量”的转变，我理解过去的速度是短跑，现在向质量转变是变为长跑。一个企业、一个国家的发展必须有可持续性。过去的几年，“中国制造”是一个低质低价的代名词，今天我们更多的企业在觉醒，开始看到自己的使命是什么。当有使命感的时候，一个企业的决策、战略都会发生变化。比如格力电器，我们可以用各种各样的方式让企业快速地膨胀，但是那是泡沫式的，我们选择以消费者为导向。在这个过程中，我们付出的比别人多，但是我觉得最值得的是来自消费者的一声“哇”。我们认真做产品还远远不够工匠精神，还需要成为一个创造者，打造出让消费者生活品质提升的产品。低质低价的产品不可能赢得市场尊重，也不能为消费者带来改变或美的享受。工匠精神关乎消费者的生命质量和企业的生命质量。

- 恒大董事局副主席兼总裁夏海钧：恒大是1996年在广州成立的房地产公司，经过21年的发展，在2017年，我们进入了《财富》世界500强排行榜，排名第338位，可以说这个发展速度，就体现了中国改革开放的发展速度。在发展过程中，我们也充分地意识到，保持企业高速发展的基础，来自于产品的质量。恒大2004年在全行业第一个提出了精装修交楼，恒大100%是精装修的房子。2015年，恒大在全行业第一次提出了无理由退房，也是到目前为止，全中国乃至全世界房地产企业中唯一的一家。通过这样的理念来实现我们产品的倒逼机制，使我们的产品能够满足老百姓物质文化生活的需要，同时也能提升我们的产品品质。实施三年以来，无理由退房率只有0.89%，其中因为产品质量退房的只有万分之五。

- 苏宁副董事长孙为民：我觉得从制造向创造转变的过程中，最大的动因是创意。20多年前，一个工厂的老总跟我们董事长说，国外有一个企业向他预订了3,000台两匹挂机空调，但对方突然把订单取消了，这时他已经采购了压缩机。我们董事长给他做了一个创意，让他把这些压缩机做成家用柜机。这是当时全世界都没有的产品。结果两匹柜机比两匹挂机还要贵，那位老总赚了一笔，我觉得这要归功于创意。苏宁在自身发展过程中也很重视创意。过去我们开连锁店的时候要标准化，所有的店都一模一样，今天我们觉得这样人们就不去了，我们现在要千店千面。这是从互联网中基于大数据、区块链、消费者研究得出的创意。

- 华为消费者业务副总裁大中华区总裁朱平：高质量发展是品牌建设的必由之路，在这条路上需要厚积薄发，一步一个脚印、一点一滴地努力。质量是华为的生命线。我们认为品牌来源于诚信，诚信的基础就是质量以及对客户的承诺。我们在全球有几百个实验室做各类测试，保证每个细节的落地。在华为的质量文化中，非常重要的就是对于标准的落地。以通信为例，全球主流的运营商所有通信标准我们都是符合的，做手机通信方面的标准就有600多篇。经过多年的努力和口碑积累，在2016年华为有幸获得了国家颁发的“中国质量奖”，而且在制造领域也是第一名。另一方面，我们要把高科技和艺术、情感联结在一起，从而奉献给用户美好的使用体验和情感体验。

- 华强方特总裁刘道强：我觉得高质量的发展最重要的是两个基因，一个是创新精神，一个是匠心精神。正是因为创新精神，华强方特用了5年时间，就把动漫产业做成了全国第一。2008年前后，我们的屏幕上是《喜羊羊与灰太郎》，叫做二维动画。我们从2008年创新性地使用三维动画，到2012年推出了《熊出没》，从那时开始我们就成了中国第一的动漫品牌。另外，正是因为匠心精神，华强方特用了10年时间，把主题乐园做成了全球第5名，打造了25个主题乐园，到现在每年接待超过4,000万人次。多年来，我们一直在对标一个国际品牌，就是迪士尼。第一，在技术方面，我们已经没有差距。第二，在形式方面，迪士尼乐园所有的形式方特乐园都有。第三，在内容方面，迪士尼最著名的IP是米老鼠和唐老鸭，我们有熊大、熊二和光头强，在中国小朋友的认知中丝毫不逊色。迪士尼有很多电影IP，我们有一个很大的IP宝库是中华五千年历史文明，我们最新的主题乐园叫“方特东方神话”，就是专门讲述中国传统文化的主题乐园。

3. 一张品牌传播成绩单

“CCTV国家品牌计划”不仅激发了企业家们的品牌报国情怀，更促使他们将这种情怀落实到了实践中，深刻影响了他们各自产业链发展的每一个环节，真正收到了“品效合一”的传播效果。根据《“CCTV国家品牌计划”综合影响力报告》的定性调查结论，从入选企业的企业文化建设，到研发和生产创新，再到渠道商信心的提振，以及消费者的劝购能力，“CCTV国家品牌计划”都产生了积极的影响。

(1) 企业：品牌价值升级

2017年2月，英国专业品牌咨询公司Brand Finance发布“全球最具价值品牌500强排行榜”，“CCTV国家品牌计划”入选企业阿里巴巴和京东分列第23名和第97名，成绩优异。2017年3月，全球最大的传播服务集团WPP发布“2017最具价值中国品牌100强”，“CCTV国家品牌计划”入选品牌美的上升至第30位，较2016年提升了3位。2017年4月，全球品牌咨询公司Interbrand评选“2017中国最佳品牌排行榜”，“CCTV国家品牌计划”入选品牌华为以31%的同比增幅，成为2016年品牌价值增长最快者。

《“CCTV国家品牌计划”综合影响力报告》显示，加入“CCTV国家品牌计划”后，企业的产品创新意识得到了明显增强，多数企业加大了对新品研发的投入。比如，比亚迪汽车内部人士表示：“加入‘CCTV国家品牌计划’，促进了新能源车产品线的发展，比亚迪在去年的时候，新能源车的种类还是相对少的，但是自从加入‘CCTV国家品牌计划’后，重视了产品的开发。”

(2)消费者:劝购力提升

根据《“CCTV国家品牌计划”综合影响力报告》显示结果，加入“CCTV国家品牌计划”后，碧桂园品牌的可信度从61%大幅提升至73%，关键指标之一的预购率也从31%提升到了39%。从实际效果来看，2017年上半年，碧桂园共实现销售金额2,842亿元，同比增长127%，仅仅半年时间就完成了全年销售目标的70%。家电市场上，消费者对科技和环保的需求提高，格力电器营收增长20.5%。白酒市场上，高端白酒的消费人群结构发生了明显的变化，政府、商务等消费逐渐转化为个人消费，茅台在2017年一季度收入同比增长了24.3%。保健品需求提升迅速，从补血类营养保健品整体市场来看，过去3年保持连续增长的东阿阿胶营业收入增长13%。

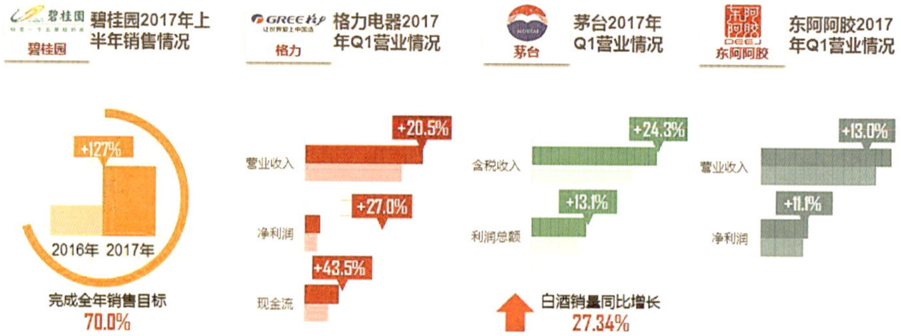

“CCTV国家品牌计划”带动入选企业品牌销量显著提升

数据来源:2017《“CCTV国家品牌计划”综合影响力报告》

这种劝购力持续发酵，根据企业反馈，2018年华为一季度手机出货量同比增长超过50%;海尔卡萨帝连续两年成为中国高端家电第一品牌，占高端滚筒洗衣机市场份额的69.2%;蓝月亮成为中国洗衣液市场第一，市场份额高达44%。

(3)合作商：信心提升

《“CCTV国家品牌计划”综合影响力报告》中定性调查的结果显示，企业和品牌入选“CCTV国家品牌计划”对提振其经销商和合作伙伴的信心确有裨益。受访经销商均表示在得知“合作企业入选了‘CCTV国家品牌计划’”后，对企业的未来发展持更加乐观的态度。以下就摘录《“CCTV国家品牌计划”综合影响力报告》中经销商的部分看法：

- 东阿阿胶经销商：“CCTV国家品牌计划”是国家媒体打造的一个集中平台，汇集了中国知名优质品牌，集中提供高频优质的媒体宣传，并帮助这些品牌在国际舞台上站稳脚跟。
- 长城哈弗汽车经销商：“CCTV国家品牌计划”是中央电视台对中国自主品牌的宣传计划，是一个非常浩大的传播工程。
- 北汽幻速经销商：“CCTV国家品牌计划”有行业树立标杆的作用，带动了其他民族汽车品牌的发展，使其他品牌也加入到“提高产品质量，提高售后服务能力，提高研发能力”的行列中，把中国的品牌推向全世界。

此外，部分经销商认为，企业和品牌加入“CCTV国家品牌计划”后，产品质量和流通环节的效率也间接地得到了提升：

- 海尔经销商：（加入“CCTV国家品牌计划”）会让人觉得品牌的品质是更加可靠的，会提升品牌的品牌形象、消费者的信心等。

- 爱玛电动车经销商：今年出的这些新车，都是为了“CCTV国家品牌计划”做的，质量都挺棒的，在行业内是非常领先的。

- 广汽传祺经销商：“CCTV国家品牌计划”促进广汽传祺口碑传播效果提升了10%左右。

- 鲁花经销商：鲁花加入了“CCTV国家品牌计划”，是我们去和商超市谈判的一大卖点，给我们增加了谈判的底气。

- 比亚迪经销商：武汉之前尽管有新能源车售卖，但是充电桩的安装、批复过程问题比较多。自从加入“CCTV国家品牌计划”后，小区内物业和相关单位的配合程度大大增强。

可见，在经销商心中，“CCTV国家品牌计划”内涵丰富，可以提升品牌的影响力和口碑，且从研发生产到销售流通的各个重要环节，“CCTV国家品牌计划”均产生了直接或间接的积极影响。

（4）终端商：销售提升

在对“CCTV国家品牌计划”的认知方面，作为企业合作伙伴的终端商，和经销商的看法如出一辙。根据《“CCTV国家品牌计划”综合影响力报告》呈现的结果，终端商全部高度肯定了“CCTV国家品牌计划”为企业和品牌带来的价值，并同样表示在得知合作企业和品牌加入了国家品牌之后，对于合作的信心变得更强了。以下摘录了部分终端商的看法：

- 某家电卖场采购主管：我觉得这个（“CCTV国家品牌计划”）对品牌是有很大帮助的，即便产品的价格要贵一些，但是品牌影响力比较大的话，消费者还是可以接受的。
- 某超市采购主管：伊利集团加入了“CCTV国家品牌计划”，相当于它在乳业具备了领导地位。
- 某超市采购主管：加入“CCTV国家品牌计划”，品牌信任度会更高，消费者也会这样认为。

很多终端商不仅对企业入选“CCTV国家品牌计划”表示欢迎，更灵活充分地利用了“CCTV国家品牌计划”的影响力进行店面内进一步的宣传造势，比如在销售终端内的电视、立面广告位等资源上呈现“CCTV国家品牌计划”入选品牌的标识和形象。有些商超甚至突破了原有的资源限制，专门增设“CCTV国家品牌计划”入选品牌店中店，在权限内实现了营销方式的创新。

三、同行说话

中央电视台响应“广告宣传也要讲导向”的指示精神，提出了媒体广告的责任和使命，并以“CCTV国家品牌计划”为实践展开了一场营销变革，这在中国媒体行业算是“第一个吃螃蟹的人”。在这场变革中，央视推出的“CCTV国家品牌计划”不仅得到了来自媒体同行的称赞，更激发了媒体同行对媒体广告责任和使命的思考，并以“CCTV国家品牌计划”为蓝本进行学习。

1. 舆论场上的声音

主流媒体大力报道“CCTV国家品牌计划”。2017年10月11日，新华社以《中央电视台“CCTV国家品牌计划-广告精准扶贫”项目助力脱贫攻坚》为题，报道了央视“CCTV国家品牌计划-广告精准扶贫”项目，介绍了该项目对贵州、宁夏、青海、云南四省/自治区进行的产业帮扶的成效，以及项目的下一步推进。文章表示“该（‘CCTV国家品牌计划-广告精准扶贫’）项目自落地实施以来，得到了社会各界的高度评价和认可”。

同日，《人民日报》在第6版刊发《央视推出“CCTV国家品牌计划”项目广告精准扶贫助45万人脱贫》一文，对“CCTV国家品牌计划-广告精准扶贫”项目的运行情况和取得的成效进行了报道。

2017年11月4日，央视《新闻联播》对“CCTV国家品牌计划-广告精准扶贫”助力脱贫攻坚项目进行了专门报道。随后人民网、新华网、《北京青年报》《广州日报》、新浪网、凤凰网、搜狐等主流媒体和门户网站争相报道了“CCTV国家品牌计划”的相关新闻，“CCTV国家品牌计划”广泛覆盖了各大主流媒体核心受众。权威媒体的发声、支持彰显了“CCTV国家品牌计划”的权威性和影响力，并进一步提升了“CCTV国家品牌计划”及入选品牌的社会关注度和影响力。

我们可以从《“CCTV国家品牌计划”综合影响力报告》中发现，95.2%的消费者通过各种媒体渠道接触或看到过“CCTV国家品牌计划”的宣传信息与主流媒体的认同一致。因此，在另一个舆论场——网络舆论中与“CCTV国家品牌计划”相关的联想均为正面的，“中国制造”“品质”等热词高频率曝光，大幅提升了品牌的影响力，激发了社会大众的民族热忱与情怀。

网络舆论中“CCTV国家品牌计划”的相关“热词”

资料来源：2017《“CCTV 国家品牌计划”综合影响力报告》

2. 媒体经营者的反应

“CCTV国家品牌计划”作为一种平台型营销方式，通过平台的公信力全方位助力品牌传播，将广告传播升级为品牌传播服务，赋予广告以国家使命和媒体责任，用公益理念设计广告产品。这些构成了央视广告的导向，是对“广告宣传也要讲导向”的成功实践，是中国广告业界的一次重大创新成果。这次创新启发了众多媒体经营者，他们纷纷通过各种创新，在艰难中求变，依托创新实现发展，依托创新实现经营突破，构成了近年来广告经营实现突围的一个集体行动。

2017年6月24日，新华社推出“中国民族品牌传播工程”，工程旨在充分运用新华社的报刊集群、网络媒体集群以及广播、电视和户外大屏等全媒体资源，为我国优秀民族企业扩大品牌影响力提供载体和渠道。媒体资源包括《新华每日电讯》《参考消息》《中国证券报》《上海证券报》等21种期刊、新华网等门户网站、“新华社”“新华炫闻”等移动客户端、“新华社”“新华视点”等社交媒体账号、新华电视和新华广播，以及300多块户外大屏等。“民族品牌传播工程”依托新华社的媒体资源优势，计划在信息通讯、电子制造、汽车制造、中医药、食品饮料、房地产、交通运输、互联网服务、绿色农业和金融服务这10个行业各选择2~3家优秀企业作为重点传播对象，以推动品牌强国战略，构筑民族经济长城。

2017年12月22日，《人民日报》推出“新时代品牌强国计划”。该计划旨在通过《人民日报》所具备的覆盖并影响重要决策人群的优势，引导品牌主动适应、把握、紧跟经济发展新形式，让品牌声音直达中央。与“CCTV国家品牌计划-中国品牌升级服务”项目相类似，《人民日报》的“新时代品牌强国计划”也对入选品牌设置了准入条件：一是政治坚定，二是社会口碑好，三是居于行业领先地位，四是积极响应国家品牌相关政策，五是能够支撑起代表中国品牌的强国品牌形象，六是积极践行社会责任。在品牌传播服务方面，《人民日报》利用自身在公关传播方面的独特优势，重点破解品牌发展的难题痛点和危机，创意定制品牌融媒体传播产品，推动品牌创新发展和转型升级，助力品牌精准掌握舆情环境、舆论风向，帮助品牌进行政府公关和危机公关。

除了国家级媒体外，地方媒体也纷纷进行经营的创新转型。2017年10月，湖南卫视推出“湖湘品牌计划”。2017年11月，东方卫视推出“民族品牌成长计划”。至此，牢记使命、依托创新、实现经营突破成为媒体经营的风潮。

四、专家说话

一个好的创意的提出和实践，能够引发整个社会的追随和学习。“CCTV国家品牌计划”的实践触发了广告学界对它的思考，学者们一边研究和解读它的价值和对广告业界的意义，一边为“CCTV国家品牌计划”的下一步发展出谋划策。广告行业对“CCTV国家品牌计划”给予了诸多褒奖，在各大权威行业论坛及奖项上给予了“CCTV国家品牌计划”极高的荣誉。这些研究和荣誉成为了“CCTV国家品牌计划”不断完善和提升的动力。

1. 学者眼中的“CCTV 国家品牌计划”

中国传媒大学广告学院院长丁俊杰教授指出了“CCTV国家品牌计划”的正当性和必然性，丁教授认为：“‘CCTV国家品牌计划’的诞生是必然的。第一，它是大国经济对大国广告的呼唤，大家都知道，我们已经是第二大经济体，我们在世界上的影响、世界对我们的关注主要基于我们的经济体量，但是大家仔细地看看，在中国我们广告无论是模式还是产品，还是我们的样式，还是我们的操作手段基本上是一个小国模式。一个泱泱大国，广告发展到今天，我们已经是个大国经济，却用一种小国的状态来存在，肯定不可能。所以我说，‘CCTV国家品牌计划’的出现首先是大国经济对大国广告的呼唤，这就是对‘透过广告可以发现一个国家的理想’的回应。第二，是历届国家领导人对中国品牌、对品牌强国的期盼。我们国家领导人，从毛泽东同志到邓小平、江泽民、胡锦涛再到习近平总书记都明确提出了对中国品牌的要求。第三，它是新时期广告进入新时代广告的典范，十九大提出的新时代，我们广告界要回应什么是新时代，1978年到2018年之前中国广告经历了新时期，今天我们进入到新时代，而央视提出的‘CCTV国家品牌计划’就是新时代广告的典范。第四，是新媒体发展的必然。第五，是广告治理的必然。第六，是社会认同的必然。我认为这就是央视‘CCTV国家品牌计划’的合理性和正义性。”

衡量一个事物，首先要看这个事物的出现是偶然的还是必然的，是偶然性大还是必然性大，这都是我们知道的常识。丁俊杰教授在谈“CCTV国家品牌计划”的必然性之前，还谈到了“CCTV国家品牌计划”的偶然性。他认为：“偶然性很多，第一个偶然性就是央视的广告经营遭遇了天花板，央视的广告经营传统方式遇到了一定的屏障，尤其是在数字媒体时代，央视广告也遭遇了前所未有的一种挑战。第二个因素可能跟任学安个人有关系，任学安在来央视广告中心当主任之前，做过《大国崛起》《复兴之路》，他这样的一个背景用担当、用责任、用家国情怀来衡量，是有一定道理的，因为他做过这类节目，知道从广告的角度，怎么能跟国家、跟民族，从更高的站位来考虑问题。所以我个人分析，‘CCTV国家品牌计划’的推出跟任学安有关系，但他是一个偶然性的因素。”

此外，丁俊杰教授还从广告的功能上对“CCTV国家品牌计划”进行了解读：“我作为广告的研究者，认为‘CCTV国家品牌计划’给中国广告业带来的不仅仅是好看，不仅仅是央视的屏幕广告，而是对全国有一个示范作用。央视的‘CCTV国家品牌计划’让我们的广告功能发生了根本性的改变。广告过去的功能大家都知道，一是依附性，二是服务性，三是工具性。这些功能依然存在，什么是依附性？依附于企业的服务，依附于企业的营销，但是我觉得今天，央视的‘CCTV国家品牌计划’让广告在依附性、服务性、工具性的基础之上，上升为主导性、引领性和战略性。什么叫主导性？不是企业想做什么就做什么，必须有自己的主见，必须和国家民族有一定的关联。战略性，不仅仅是解决简单的一个价格便宜多少的问题，更重要的是它要从企业战略、国家战略、民族发展战略这个角度考虑。所以这些我觉得都是‘CCTV国家品牌计划’在必然性之中对我们这个业界的贡献。”

还有一些专家也给出了他们的专业解读和思考：

- 中国工程院院士张贵田：央视广告经营管理中心将镜头对准我国重点领域取得的重大成就和创新，精心打造了“CCTV国家品牌计划”公益广告。液氧煤油火箭发动机国家战略工程公益广告在央视各频道播出后，在航天系统内外、陕西省、西安市甚至全社会引起了热烈反响。中央军委装备发展部、国防科工局、中国航天科技集团有限公司党组等各单位领导在不同场合、以不同方式对此广告表示赞赏，再一次感谢中央电视台的关心和支持。

- 中国科学院国家空间科学中心研究员、中国科学院空间科学先导专项一期负责人吴季：悟空号、慧眼、墨子等卫星都受到了中央的高度关注，离不开传媒界特别是央视对科技领域的宣传。我们在做这些工作的时候，没有人想到去怎么宣传，我们也不懂怎么去告诉公众。大家把绝大多数时间放在技术攻关上。没有你们，科学家不可能在公众面前露面。传媒界、新闻界、广告界担当社会责任的精神比我们科学界还要强，创意和创新精神也很强。科技界也提创新，但是有各种各样的理论限制，文化传媒界是一个无边无尽创新的领域，“CCTV国家品牌计划”是一个伟大的创新，可能会推动整个新闻广告界的发展。

- 贵州省委常委、宣传部部长穆德贵："CCTV国家品牌计划"之广告精准扶贫不是一个扶贫项目，坚持下去它就是一个致富项目。

- 中国传媒大学新闻传播学部部长高晓虹：2018年是进入新时代的开局之年，也是改革开放40年，中国电视60年。央视作为国家的主流媒体，有着自己的使命和担当，特别是"CCTV国家品牌计划"推出以后，我们在屏幕上看到了很多特别大的举动。让我们一起期待"CCTV国家品牌计划"作出更大的贡献。"

- 中国传媒大学广告学院博士生导师黄升民教授："CCTV国家品牌计划"是一个好的策略，一个好的策略的提出，触发了一个全新的营销变革。这种变革，不是一时的头脑发热，最根本的，是它抓住了时代的痛点。这个痛点，我称之为"回归与平衡"的潮流。作为国家媒体，央视的"CCTV国家品牌计划"执行基础是其优质内容资源带动的用户注意力回归，而这些能够充分体现中国本土审美与文化价值取向的节目不但是央视的核心资源，也引领了整个行业的发展方向。

- 武汉大学新闻与传播学院副院长姚曦教授："CCTV国家品牌计划"的价值和意义实现了广告的时间、空间及价值最大化的问题。今后要进一步挖掘"CCTV国家品牌计划"的潜力，一是要使其意义更加的多元化，二是提升服务水平，三是实现产品化，开发更加全面的产品线。

- 北京大学新闻与传播学院党委书记陈刚教授："CCTV国家品牌计划"入选企业实力雄厚，发展态势良好，通过入选“CCTV国家品牌计划”，更加提升了自己的知名度、美誉度。对于一些实力尚不雄厚但很有潜力和发展空间的企业，也应该给予一定的支持，“CCTV国家品牌计划”不仅要做到锦上添花，还需做到雪中送炭。锦上添花是指选入实力雄厚的企业，但是支持新兴的、有竞争力的、有发展空间的企业，也是中央电视台培育国家品牌的责任。

- 南开大学旅游与服务学院院长白长虹："CCTV国家品牌计划”是在中国特有的媒体格局和文化背景之下的智慧创意，具有良好的导向作用，同时也实现了很好的经济效益，建议接下来在标准化、深度化、概念的清晰化方面努力，把“CCTV国家品牌计划”的故事不断进行延伸。

- 首都经济贸易大学广告研究所所长杨同庆：在未来的计划中，不仅是广告精准扶贫，同时也可以关注一些重工业企业，中国老字号品牌。“CCTV国家品牌计划”要能够帮助部分企业从区域品牌向全国品牌转化，并帮助全国的强势品牌向全球的巨人品牌转化。在消费者和大众心中，中央电视台有这样的能力，也只有中央电视台能够担此重任。

2. 行家眼里的“CCTV 国家品牌计划”

“CCTV国家品牌计划”获得了广告行业机构的高度评价。在澳门广告商会、澳门国际广告节组委会主办的“澳门国际广告盛典”上，“CCTV国家品牌计划”荣获“2016~2017年度中国内地最佳创新营销大奖”，我个人也因此获得“2016~2017年度中国内地广告业最具影响力人物特别贡献大奖”。

在由北京市工商行政管理局指导、北京广告协会主办的北京广告产业发展30周年颁奖典礼上，“CCTV国家品牌计划”获得“CCTV国家品牌计划创新大奖”。此外，“CCTV国家品牌计划”还在在中华商标协会、北京市工商行政管理局指导举办的“2017年科睿国际创新节”上获得“媒体服务创新金奖”。

在中国广告协会主办第24届中国国际广告节上荣获全场最高奖“中国广告长城奖广告主奖媒体价值创新大奖”。在中国国际广告节2017中国公益广告黄河奖上，央视广告经营管理中心将“中国公益广告突出贡献奖”收入囊中，组委会认为2016年以来央视广告高举旗帜，引领导向，在公益广告领域深耕细作、孜孜进取，创作出一批创意优良、主题鲜明的广告精品，特别是“CCTV国家品牌计划”的推出，不论是从项目设置、资源配比还是从价值创造、社会影响等方面来看，它都是一个典型的公益传播项目。

“CCTV国家品牌计划”不仅在国内显示出正面积极的社会影响力，同样也蜚声国际，引起了国际媒体界、广告营销界的瞩目。2017年6月，戛纳国际创意节主席Terry Savage在与央视广告经营管理中心交流时，从专业角度对“CCTV国家品牌计划”表达了高度的认可，戛纳广告节历史悠久的*shots*特刊更是专门发表了题为《“CCTV国家品牌计划”：为中国品牌提供更大舞台》(*A Bigger Stage for Chinese Brands: The National Brand Plan*)的文章，将“CCTV国家品牌计划”作为营销的经典案例进行了详细的介绍和热情的推荐。

A Bigger Stage for Chinese Brands: The National Brands Plan

Ren Xuean, Director of China Central Television's advertising management centre

Although China's economy is booming, domestic brands haven't yet realized their full power and potential. However, the situation is beginning to change, thanks to various brand-building initiatives such as the Chinese government declaring 10 May the annual National Brands Day.

Another initiative helping local brands emerge onto the global stage has been the National Brands Plan launched by national broadcaster CCTV (China Central Television), China's most important platform for news and brand communication. By leveraging advertising resources, the aim is to help brands become leaders in a competitive market, and grow from national to global players.

Officially launched on 1 January 2017, the plan has already exceeded target numbers: some 30 brands including telecom and mobile brand Huawei, e-commerce brand Alibaba, and real estate brand Biguiyuan have already signed up. And Chinese consumers appear to be responding: Biguiyuan's sales from January to April this year grew by 214%. The global rankings of those brands signed up to the plan are also rising. Alibaba's global ranking rose from 60 in 2016, to 23 this year according to a survey conducted by British company Brand Finance. The national brands plan has changed the media landscape as well: the value of TV has been proven again, and companies have started to re-invest in TV commercials.

戛纳广告节特刊*shots*对“CCTV国家品牌计划”进行了详细介绍

第六章　案例节选

不做电视广告的华为

【案例概览】

2017年华为实现全球销售收入6,036亿人民币，同比增长15.7%；智能手机（含荣耀）全年发货1.53亿台，全球份额突破10%，稳居全球前三。卓越成就背后是华为品牌逆势成长之路。一向以“理工男”基因标榜的华为，对于建设品牌这件事并不擅长。华为是如何用6年的时间，从无到有打造了一个消费者品牌的？又是如何逐步实现品牌高端化转型的？

2017年华为一反常态，首次在国内电视平台大规模投放广告，同时成为“CCTV国家品牌计划”的一员。这一传播战略的转型源于华为对中国媒体市场的准确判断，更源于央视高品质的平台价值和高水准的专业能力。在接下来的时间里，央视帮助华为在成熟的智能手机市场强势突围。

一、从无到有，自创高端品牌

1987年任正非以21,000元人民币创立华为，随后选择自主研发道路，到2008年，华为实现了在欧洲的广泛业务运作。面对内外商业环境的重大变化和发展趋势，自2011年起华为经过业务重组，划分为三大运营中心（BG）：运营商网络BG、企业业务BG、消费者业务BG，适应不同客户群的商业规律和经营特点，针对客户的需求、痛点和挑战，整合公司内部的各种能力和资源，为客户提供创新的、差异化的、领先的解决方案。

30年前，刚刚成立的华为只是一家小作坊，为生产用户交换机（PBX）的香港公司做销售代理，如今却已成长为在欧洲、亚洲、非洲甚至拉美攻城略地的世界500强。一路走来，华为不断壮大，但初心未变。

回望历史，我们会发现2011年是中国手机市场的重要转折点，这一年手机巨头诺基亚宣布破产，一个产业巨头黯淡退场，而彼时的中国智能手机市场正被苹果、HTC、三星等品牌强势占领，中国民族品牌在夹缝中求生存。正是在这一年，华为毅然决然地重组了业务，这背后的艰难抉择我们不得而知，但是事实证明，华为抓住了历史转折的机遇，证明了中国民族品牌的崛起。

2016年是全球手机市场极其重要的一年。在这一年，三星NOTE7、苹果系列手机电池“爆炸”事件轰动全球，而中国国产手机业已在全球取得了一定的市场份额，各大手机厂商都在摩拳擦掌规划下一步的高端化战略，三星和苹果的丑闻无疑给了国内手机冲刺的理由。也正是在这一年，华为主打精品手机，并且从一个不在电视上打广告的品牌转变为电视品牌营销的行家。

时隔6年，现在人们谈到手机一定会谈到华为。2017年华为实现全球销售收入6,036亿元人民币，同比增长15.7%；消费者业务最亮眼，占总收入的39.30%；智能手机（含荣耀）全年发货1.53亿台，全球份额突破10%，稳居全球前三。

业务类别	2016年销售收入（单位：亿元人民币）	2017年销售收入（单位：亿元人民币）	增幅
运营商BG	2,906	2,978	2.5%
消费者BG	1,798	2,372	31.9%
企业BG	407	549	35.1%
其他	105	137	30.5%

数据来源：华为年报

消费者业务的崛起成就了今天强大的华为，同时也帮助华为建立起了品牌形象。华为手机品牌价值强劲增长，在国内的关键品牌指标（品牌的考虑度和偏好度等）已经完全超越其他国际一线品牌（来自IPSOS市场研究集团）。与此同时，华为品牌的国际认知也在大幅提升，在英图博略（Interbrand）发布的“全球最佳品牌排行榜”中，华为从2015年的第88位上升到2016年的第72位，再到2017年的第70位，是品牌价值增长最快的品牌。

二、华为之困：如何与消费者沟通

华为，这家全球瞩目的跨国公司在很长时间里都陷入对品牌的迷惘中，它不知道怎么跟消费者沟通。华为是以TO B（直接面向企业）业务起家的公司，一直以来的信念是只要产品过硬就一定能有市场，这也奠定了华为“品质保证”的基调。

但是TO C（直接面向消费者）业务不一样，华为消费者业务CMO张晓云说：“TO C业务如果没有品牌，你和消费者之间会失联，就像在无尽黑暗的大海里面溺水，怎么努力也没用。”所以刚开始做手机的时候，华为给了经销商最好的机器成本，货也都铺到店里，广告促销也有，但是因为没有品牌，没有传播，没有与消费者之间的连接，好的产品全部打了水漂。在消费者的认知里，华为和手机无关。

华为对品牌的理解是有序深化、不断演进的，就像经济学家哈耶克说的那样，“它是一个不断扩展的秩序”。跌跌撞撞中，华为认识到了品牌的重要性，并且不断升级，认识到品牌不仅仅是“定位”和“吆喝”那么简单，它需要一个科学的品牌管理。品牌应该是一个持续的、面向未来的能力建设和机制建设的过程。

在做精品手机的初期，华为对品牌的了解就是不断强化和演绎产品的营销卖点，因此也闹出过不少“笑话”。2011年华为声称自己制造出了当时最薄的手机，结果发现富士康的一款手机比自己的还薄，为了保住这个“最薄”，华为人在发布会之前临时改产品，好不容易保住了这个“最”。经过类似事件的捶打，华为意识到品牌管理的重要性，真正的品牌是将产品的功能价值、美学价值和情感连接价值说清楚。只有创造出属于自己的品牌，找准最能阐述品牌意义的自我定位，一个企业才能在激烈的市场竞争中披荆斩棘，塑造出人人称道、面向国际的大品牌。

基于对数字时代快速崛起的新生代消费者心智的洞察，华为营销方式的工科味道逐渐淡化，用户体验更趋于亲和、时尚和愉悦，在品牌传播上也不再拘泥于形式大于作用的户外广告。

三、做好电视广告的华为

2016年9月，华为入选2017年央视“CCTV国家品牌计划”，这个从来没有做过电视广告的品牌，开始了它品牌传播之路的狂飙突进。

尽管苹果在中国的份额不断下滑，但是苹果的高端定位、品牌影响力以及单机收益率仍然是中国手机品牌需要追赶的方向，苹果的传播策略也值得学习和借鉴。根据CTR效果报告，在电视媒体方面，华为76%的广告投放在央视，CCTV-1成为其投放量最多的频道，综艺、新闻、专题类的节目是华为投放的主要资源，主力投放时段在19:00~24:00。投放数据显示，无论是媒体选择还是内容类型甚至时段频次，华为都与苹果相类似。华为选择高端媒体平台，形成与其他竞争对手相区隔的投放领域，为品牌的高端化提供了有力的支撑。

从投放的产品来看，华为在央视的投放以瞄准商务人士的高端旗舰产品为主，以定位较为年轻的品牌产品NOVA和荣耀为辅，其中荣耀的负责部门前身是华为电商部，荣耀是采用互联网手机方法论做的手机，主体投放在网络，但电视端的曝光是其强有力的护卫。虽然华为的产品有精准定位，但其消费的可能性并不局限于定位的某一类人群。因此，华为在央视黄金广告位上向全国人民展示它的旗舰机型MATE9系列，把目标受众由之前的商务人士拓展到普通消费者。

品牌	华为	OPPO	VIVO	苹果	三星
媒体选择（频次）	央视 76% 卫视 24%	央视 1% 卫视 99%	央视 35% 卫视 65%	央视 67% 卫视 33%	央视 63% 卫视 37%
媒体效果（29省GRP）	央视 91% 卫视 9%	央视 1% 卫视 99%	央视 28% 卫视 72%	央视 64% 卫视 36%	央视 37% 卫视 63%
频道选择（频次）	CCTV-1 25% 浙江卫视 23% CCTV-8 12% CCTV-13 11% CCTV-3 9%	浙江卫视 38% 湖南卫视 28% 北京卫视 18% 东方卫视 10%	江苏卫视 24% 浙江卫视 23% CCTV-6 22% 湖南卫视 14% CCTV-5 10%	CCTV-6 17% CCTV-5 17% CCTV-10 17% CCTV-3 16% 江苏卫视 10%	CCTV-6 30% CCTV-10 16% 湖南卫视 12% CCTV-2 8% 北京卫视 8%
节目类型（频次）	综艺类 38% 新闻/时事类 34% 专题类 7%	综艺类 46% 电视剧类 20% 生活服务类 11%	综艺类 37% 电视剧类 24% 体育类 10%	综艺类 39% 专题类 16% 体育类 16%	综艺类 29% 电影类 20% 专题类 17%
投放时段（频次）	19:00-24:00 63%	19:00-24:00 47% 13:00-18:00 28%	19:00-24:00 42% 06:00-12:00 27%	19:00-24:00 89%	19:00-24:00 78%

Global Perception. China Insight

数据来源：2017《“CCTV国家品牌计划”综合影响力报告》

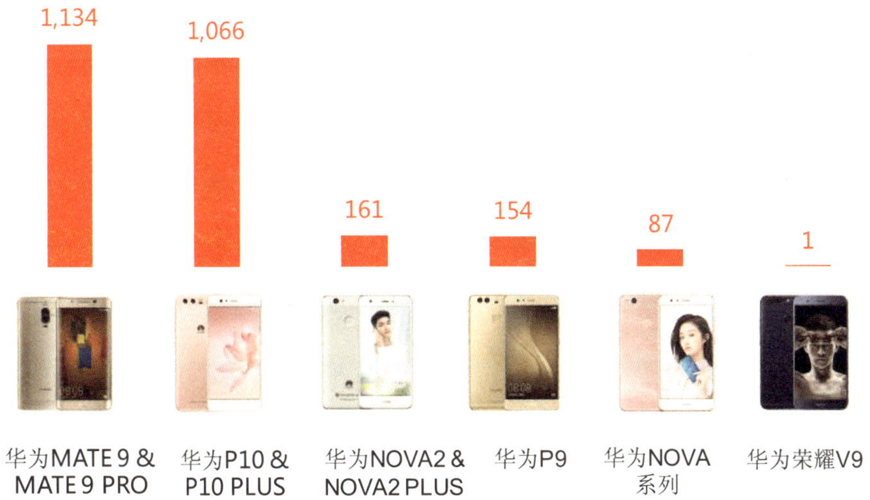

数据来源：2017《“CCTV国家品牌计划”综合影响力报告》

根据CTR效果报告，2017年1~6月，华为央视广告累计获得2,603个毛评点，占整体毛评点的91%；在省级卫视获得258个毛评点，占比为9%。通过投放央视，华为的传播成本效益实现了最大化，把每一分钱都花在了刀刃上。根据CTR的效果监测数据，央视贡献的毛评点占华为整体电视投放毛评点的91%，华为在央视“CCTV国家品牌计划”的广告点成本为5.76万元，千人成本仅为4.6元,仅仅是竞争对手的三分之一。

华为广告投放GRP

数据来源：2017《“CCTV 国家品牌计划”综合影响力报告》

华为作为“CCTV国家品牌计划”的一员，央视还为其专门定制了品牌故事。在3分钟的品牌故事中，央视围绕“品质是华为的国际通行证”这个核心主题，讲述了华为在产品和研发上不断积累、对品质一贯重视并最终得到中国消费者认可的故事。

华为的企业文化中一直有一种文化自觉、价值观自信和民族使命感，它重新唤起“艰苦奋斗、玉汝于成”的主流价值观，并吸引着国内其他品牌向它致敬。作为中国品牌的标杆，华为并没有高高在上，显得高不可攀，而是放平心态、虚怀若谷，与其他企业和品牌交流互动，共享华为精神。2017年9月9日，在央视广告经营管理中心和华为消费者业务团队的筹划下，CCTV国家品牌计划发展与创新理事会成员单位参访华为深圳总部，领略闪耀全球的中国科技力量。

近30年来，华为之所以能够取得今日之地位和国际名声，与它的价值观密不可分。这是这家中国企业真正崛起、走向国际舞台的内在驱动力。它立志成为中国制造的脊梁，面向公众发声时也会情不自禁地带上骨子里的那种民族式骄傲。而今，华为营业收入的58%是在中国以外的市场实现的，华为已成为不折不扣的全球化公司和世界级品牌。华为走出了一条独特的发展之路，其经验难以整体复制，但是每个企业都能从中找到自身可以借鉴的关键点。华为的品牌建设之路激发了我们关于企业使命、关于品牌梦想的新思考。这也正是“CCTV国家品牌计划”的初心和价值。

高端营销变革的海尔

【案例概览】

海尔是中国家电的代表企业，更是中国高端家电在国际市场上的名片。尽管海尔集团在1984年创立之初只是一家制造传统家电的集体小厂，如今却已收购GE家电、三洋白电，成为全球第一的白色家电制造商。

在蜕变式的成长中，海尔从低端到高端，从制造到创造，从本土到全球，数次面临产品及品牌的升级，不断对传播提出新要求。2006年海尔创办卡萨帝高端家电品牌，虽然快速打开了国外市场，但在国内高端市场却迟迟未见起效。2017年海尔成为“CCTV国家品牌计划”的一员，无论是海尔的整体形象塑造，还是卡萨帝等高端子品牌的单点突破，央视都是海尔品牌传播必不可少的平台，帮助海尔实现了国内高端市场的突围。

根据世界权威市场调查机构欧睿国际(Euromonitor)最新发布的2017年全球大型家用电器调查数据报告，中国海尔以10.5%的品牌份额位列榜首，第九次蝉联全球第一，并且分别以17.3%、14.6%、20.6%、13.5%的份额拿下冰箱、洗衣机、冷柜、酒柜4个品类在全球范围内的品牌份额第一，卡萨帝品牌在高端家电市场的占比全部第一。

一、做中国家电高端化先行者

海尔认为："企业成功只是因为踏准了时代的机遇和节拍，而绝不应骄傲地停下脚步。一旦停下创新的步伐，就无法跟上时代的节奏，下一个柯达可能就是你。"正是凭着这种危机意识，海尔才能敏锐地把握市场潮流，从而找到品牌升级的正确突破口，位列今日全球家电产业的前沿。

作为拥有30多年历史的老牌家电企业，海尔自20世纪起就积累了一代代忠实用户，其大众化的品牌形象深入人心。但进入21世纪，这一经典品牌形象开始面临一系列挑战：一是新一代年轻人成为消费主力，他们对海尔的印象充满矛盾，既觉得亲切又稍感"老派"，认为海尔是属于上一代的品牌记忆，而不是"自己的"；二是消费升级逐渐展开，虽然当时看来局势尚不明朗，但今天我们已能清楚地看到，高端品牌从这一时期开始取得长足增长，低端品牌则受到步步挤压；三是海尔作为最早进入国际市场的中国家电企业，未来若想尽快在海外实现大的发展，亟待制定新的战略，寻路突破。

在观察到上述趋势后，海尔为了提升自身在国内外市场的竞争力，打破消费者对其"低端品牌"的固有印象，于2006年创立了高端子品牌卡萨帝。这次大胆革新开启了海尔的品牌升级进程，可以说是踏中了时代节拍的精准一步。

二、十年孕育卡萨帝，成功只欠东风

随着家电行业消费升级的深入展开，未来竞争中，真正掌握行业高端前沿技术、了解用户需求的企业将得到市场更多的认可。海尔凭借着对市场趋势的把握，提早布局研发，为品牌的高端化升级奠定了坚实的基础，最终以此为切口迅速响应甚至引领消费需求，走到了行业前列。

所谓高端品牌，如果没有真正顶尖的技术实力作为支撑，就只是一座空中楼阁，而海尔早已在自主研发方面展开布局，包藏在卡萨帝艺术化造型之内的，是全球领先的电机，是人性化的结构设计，是物联网程序，是智能家居解决方案……正是这种技术与艺术的结合，真正满足了消费者对高端生活的需求。

目前，海尔每年的技术研发投入超过50亿元，海尔不断在产品、技术上进行迭代创新，不仅能够快速响应用户的需求，更获得了国内外众多权威机构的认可：在国外，海尔共参与了56项国际标准的制定，累计获得117项iF（汉诺威工业设计奖iF Product Design Award）和红点设计奖（Red Dot Award），[①]并且拥有海外专利近9,000件，覆盖25个国家和地区，是海外专利布局最多的中国家电企业；在国内，海尔累计获得国家科技进步奖14项，占家电行业获奖总数的六成以上。

以高端品牌为突破口，海尔一面让产品渗入国际市场，一面带动各项业务在海外落地生根，开展“本土化研发、本土化

① 德国“红点奖”与德国“IF奖”、美国“IDEA奖”一起并称为世界三大设计奖。

制造、本土化营销”的三位一体战略。经过多年耕耘，海尔目前已在全球拥有10大研发中心、21个工业园、66个贸易公司、143,330个销售网点。这些，都为海尔的发展提供了重要支持。

当初为打开国际市场而诞生的卡萨帝确实没有让海尔失望。2013年，比利时布鲁塞尔自由大学欧洲研究所实施的欧洲消费者调研显示，海尔是为数不多的在欧洲知名的中国家电品牌，尤其是卡萨帝冰箱，在当地市场颇受青睐。

然而，新的问题来了：当卡萨帝在国外大受欢迎的时候，其在国内市场的销量却始终不见起色。问题绝对不在市场，因为中国庞大的中等收入群体已经成长起来，他们对高品质产品的需求旺盛。经过几年的彷徨和尝试，海尔卡萨帝终于找到了问题所在。

如何让卡萨帝在国内高端家电市场站稳脚跟？卡萨帝还缺一颗针对高端消费群体量身打造的品牌营销弹药。

三、突出重围，卡萨帝重新定义中国制造

伴随着品牌升级战略的推进，如何将海尔的新形象传递给目标受众，成为海尔品牌建设的重要课题。中央电视台作为国家媒体，在覆盖度、传播力、公信力方面无可比拟，是海尔品牌传播战役中不可或缺的重要传播平台。因此，海尔长年来坚持将央视作为传播主阵地，并在2016年“CCTV国家品牌计划”刚刚推出的时候就成为第一批积极入选的企业。

在传播模式上，海尔选择了将央视黄金资源与大事件营销相结合的策略。一方面通过央视的传播力保障海尔整体品牌形象的有力传播，一方面通过创新传播形式影响高端群体及年轻群体的品牌认知，尤其是近年来为配合卡萨帝冰箱的推广，与央视联手进行了一系列新颖有效的营销尝试。

1. 高端平台与高端品牌的契合

央视黄金资源是电视媒体最为稀缺的优质资源，历来是企业打响知名度、提升美誉度的必争之物。海尔充分认识到央视黄金资源对于企业传播的重要意义，连续14年与央视进行标段合作，每年合作费用均在亿元级别，以多年连续有效的传播维系自己在受众心目中的品牌地位。

2016年央视首次公布"CCTV国家品牌计划"，海尔反应迅速、积极接洽，并最终入选"CCTV国家品牌计划-中国品牌升级服务"，成为首批20余家企业中的一员。这一方面是海尔与央视在黄金资源上多年合作的延续，另一方面是"CCTV国家品牌计划"肩负着打造中国品牌、复兴"中国造"的使命，与海尔一直以来致力探索的目标不谋而合。仅2017年上半年，海尔便通过"CCTV国家品牌计划"硬广资源累计获得了2,390个毛评点，累计触达超过297亿人次，覆盖全国9.4亿观众，人均看过海尔广告31.5次，看过广告3次以上者占电视人口的59.1%。海尔取得了出色的传播效果。同时，分品类来看，海尔仅通过"CCTV国家品牌计划"一项投入，就在空调、洗衣机、冰箱领域达到了行业领先的传播声量。

数据来源：2017《“CCTV国家品牌计划”综合影响力报告》

在传统硬广资源以外，海尔还充分利用了“CCTV国家品牌计划”入选企业的增值回报。其中，“国家品牌故事”就是此类无价回报之一。在这个板块，央视为每个入选企业制作3分钟长广告，安排在CCTV-1专属时间播放，目的是从品牌传播的角度展示国际级品牌企业的历史传承、产业担当、社会责任以及企业家精神。海尔《创新的力量》3分钟企业品牌故事，借由双子云衣裳设计总监李文伟之口，将这款双滚筒洗衣机的缘起、研发历程和突破性技术成就细细道来，展现海尔人对市场需求的敏锐嗅觉、对成功的执着以及对自身技术实力的强烈自豪感，从而传达出专业、严谨的品牌形象。

2. 有点有面，展示品牌极致

继确定入选“CCTV国家品牌计划”之后，2017年11月，海尔马上又携手央视《挑战不可能》第三季，成为栏目战略合作伙伴。《挑战不可能》是一档大型励志、极限挑战类节目。作为栏目战略合作伙伴，海尔将产品深植挑战环节，做到了从容而精准地表达。

在2018年1月7日的节目中，由平衡大师钟荣芳挑战4米高空跷跷板棕榈叶平衡系统，跷跷板上放有三台高速运转的海尔卡萨帝洗衣机，挑战者需利用15根棕榈树树枝让一根羽毛保持平衡，放在卡萨帝洗衣机上保持纹丝不动。在挑战中，洗衣机是挑战必须攻克的难关，但从站上跷跷板的那一刻起，洗衣机本身也在挑战行业的不可能。这期节目取得了非常惊人的效果，收视率高达1.96%，位居全国收视率第一，而极限的挑战也显示了卡萨帝品质的极致平衡，在传播的质与量上都达到最佳的植入效果。

经过过去的发展，海尔已形成了系统的竞争力，它不断创新求变，以大视野、新思维观察和思考互联网和全球市场下的战略，并以雄厚的研发实力为基石，以清晰的营销传播思路为翅膀，成功地推动了海尔品牌的高端化升级。

2017年，海尔全年实现营收1,592.54亿元，同比增长33.68%，其中卡萨帝营收同比增长41%，超过了整体增速，且卡萨帝在中国万元以上家电市场的份额已经达到35%，较2016年又提升9个百分点。现在，海尔已经让产品走进了160多个国家，成为中国家电全球化的第一品牌。根据最新数据，海尔法式冰箱以2,990欧元的定价成为欧洲某卖场家电中的最高售价者，对比2004年，该冰箱的平均售价增幅达465%。

从当年中国家电留给世界的“物美价廉”印象，到如今以海尔为首的“中国创造”带来的“高端价值”新印象，这一变化恰恰在更宏观的层面映射了海尔转型的成果。海尔从最初“大规模低制造”的廉价时代进入“品牌化创新化”价值时代之后，快速迈向“智能化生态化”高端时代，给中国家电在世界舞台上的表现注入了新的动力。如今，面对国家改革的需要，面对行业转型的需要，面对消费者需求升级的需要，海尔继续不断突破自我边界，以领先科技和创新智慧引领时代的发展。

民族品牌弯道超车的广汽传祺

【案例概览】

在高度成熟的中国乘用车市场，成立于2008年的广汽传祺无疑是一名行业“新兵”，要想在众多国内外品牌酣战的市场中迅速打开局面，可谓困难重重。

然而自2010年年底其首款产品上市以来，广汽传祺年复合增长率超85%，发展速度和盈利水平均位居中国品牌前列。截至2017年，广汽传祺已连续五次获得J.D.Power中国品牌新车质量冠军，实现了高品质、高效益增长，成为引领中国品牌向上的品质样本。在耀眼的成就背后，除了有广汽成熟的研发、制造与销售体系作为坚实后盾之外，其大魄力的营销策划更是功不可没，它推动着广汽传祺的品牌力节节攀升，使广汽传祺在短短几年内便深入消费者心中，取得了跨越式的成长。

2016年广汽传祺汽车销量同比增长96%。正是在这一年，广汽传祺通过央视进行品牌建设，双方开展了多样、深入的合作。从最初的投放传统硬广到成为“中央电视台诚信合作伙伴”，再到入选“CCTV国家品牌计划”，一年多的时间，广汽传祺与央视的合作一步一个脚印，广汽传祺的销量与品牌力呈现爆发式增长，创造了令行业瞩目的“传祺速度”。

一、坚持高端品质，成为汽车行业新星

广汽传祺是广汽集团于2008年创立的自主品牌，首款产品上市是在2010年年底，距今只有短短8年时间。其高速成长的基石，在于它们从最初就明确了自身的定位与发展方向，以坚持不变的高端品质敲开中国汽车市场的大门。广汽集团从2000年开始，历经5年筹划、投入十几亿巨资才推出豪华旗舰车型。汽车型代表了广汽集团的最高水平，对标奥迪A6，为中高端公/商务精英人群提供中国自主豪华座驾品牌。

随着我国经济的发展，居民收入快速增加，中等收入群体持续扩大，消费结构不断升级，消费者对产品和服务的消费提出了更高的要求，更加注重品质，看中品牌消费。广汽传祺顺应了经济趋势，在品牌创立之初就直接切入中高端市场，坚持正向开发，坚持国际标准，走出了一条“品质领先，创新驱动，超越客户期待”的发展道路。为此，广汽集团建立了世界级的整车工厂、发动机工厂以及国内领先、国际水平的广汽研究院，在品质、安全等核心方面坚持“只做加法”，不断推出精品车型。广汽传祺紧紧围绕消费者，跟踪产品的品质表现，不断进行改善、创新。

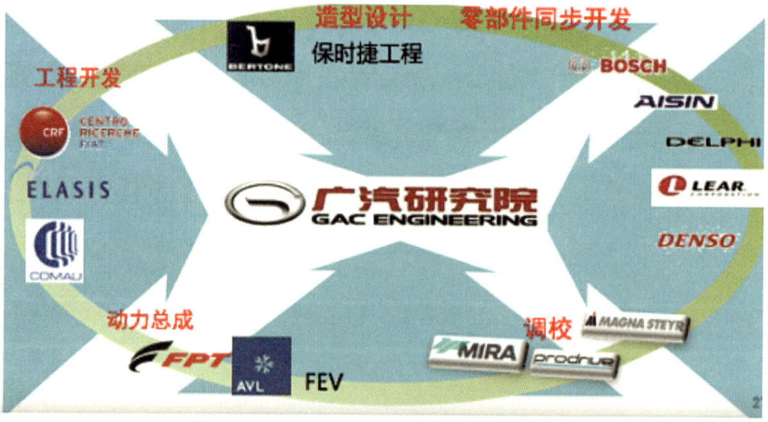

在2015年中国汽车销量排行榜中，虽然占据前3位的仍然是合资品牌，但是排行前10位中已有两大中国自主品牌。2016年是中国汽车产业发展的分水岭，也是中国品牌全面崛起时代的起点。广汽传祺牢牢把握住了这一节点。得益于坚持正向研发与国际标准带来的高品质积累，广汽传祺在产品力上迅速建立起优势，从而在自主品牌阵营中脱颖而出，以高达85%的年复合增长率位居行业前列，2017年销量超过50万辆。同时，广汽传祺的品质也得到了业界权威的高度认可，在J.D.Power最新发布的2017年中国品牌新车质量研究中，广汽传祺荣膺五连冠，这一成绩充分体现了其产品质量的一致性与可靠性。

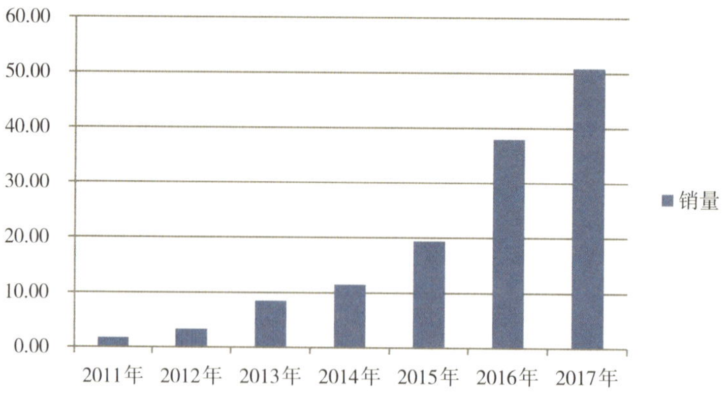

广汽传祺历年销量统计

数据来源：根据公开信息整理

此外，广汽传祺还积极响应国家战略，勇做“一带一路”的探路者，打造区域合作平台，在18个国家和地区进行营销网络布局，大力开拓西亚/中东市场，得到了越来越多海外用户的赞誉。

二、实现弯道超车的品牌传播路径

尽管广汽传祺的产品力已经得到了广泛的认可，但其品牌力、知名度却有限，从而制约了其销量与品牌形象的进一步提升。“一条腿”走路的广汽传祺急需建立起更有影响力的品牌形象，以进一步拓宽向上成长的空间。自2016年起，央视就在广汽传祺的品牌跃升之路上扮演着重要的角色，广汽传祺的产品品质透过完美的广告品质和立体化的传播组合，撬动了中国汽车品牌市场。

1. 品质传播

借助“2016中国汽车市场论坛”的契机，央视广告经营管理中心与广汽传祺建立了联系，并就客户的发展现状与传播需求进行了深入的沟通。针对客户希望迅速提升知名度、建立品牌高度的需求，央视广告经营管理中心为其推介了《新闻联播》提示收看项目与纪录片《长征》合作项目。

合作之初，广汽传祺在2016年上半年连续3个月投放《新闻联播》提示收看资源，收获了良好的传播效果，并取得上半年销量增长170%的耀眼成绩。《长征》则是2016年纪念中国工农红军长征胜利80周年宣传项目中唯一的一个核心项目，广汽传祺成为唯一一个在片中露出的客户，以GS4\GA8\GS8作为指定用车全程护航，历时两个月奔赴全国22个相关省市拍摄采访，协助完成了“车轮上的长征”，巧妙地将勇往直前、迎难而上、开拓创新的长征精神与其自身的品牌主张结合在了一起。该项目合作首次从经营的角度主动支持和配合央视的主题主线宣传任务，在广告创收与主线宣传两方面实现了双赢。这是该项目合作的一大亮点。

与《新闻联播》提示收看项目和《长征》纪录片的两次成功合作，大大强化了广汽集团的信心。其后企业不仅追加投放，而且还坚定不移地开始与央视建立深入的品牌传播合作。

2. 诚信传播

2016年年底，广汽传祺选择投放重磅创新项目“2016年中央电视台诚信合作伙伴”，同时占据《天气预报》《焦点访谈》

及黄金档剧场等CCTV-1顶级资源，并搭配CCTV-2、CCTV-4、CCTV-13的核心广告资源，全方位传播作为“中央电视台诚信合作伙伴”的广汽传祺品牌，最终在年底完成了销量冲刺。

这一次合作使广汽传祺在塑造品牌、提升销量之外还得到了汽车行业其他企业的关注。可以说，央视不仅帮助广汽传祺成功地影响了消费者，还塑造了广汽传祺在汽车业内的影响力，使之成为其他客户希望模仿的标杆。这一效果反过来又强化了汽车行业对央视广告资源价值的认可。

3. 创意传播

2016年年底，广汽传祺还为自身及央视提出了另一项挑战，即希望能够突破“春晚”原有的广告形式，实现品牌元素在“春晚”中的露出。

众所周知，央视“春晚”从2011年起就停止了广告植入，广告合作被压缩在了硬广、报时及公益广告落版等非常有限的空间内。广汽传祺这一大胆需求，促使双方开始在有限的空间内寻找合作机会，重新挖掘“春晚”的广告价值。为此双方进行了持续的沟通，最终确定广汽传祺在投放春晚硬广、公益广告的基础上，冠名《@春晚》节目，利用春晚主持人口播提示观众参与《@春晚》互动的形式实现品牌元素在晚会中露出的目标，并进一步用大屏连小屏、线上线下结合的方式进行企业品牌传播，在不违背政策的前提下，拓宽“春晚”广告的合作范围。此举成为近年来央视“春晚”广告植入的一大创新和突破。

“春晚”及《@春晚》的播出，使广汽传祺在电视与手机端同时成为亿万观众关注的对象，当晚就在汽车业内引发了巨大的讨论，实现了史无前例的爆点传播。这一次成功的投放，对广汽传祺的销量带动作用非常明显：2017年1月份实现销售46,219辆，同比增长31.4%；其中旗舰7座SUV GS8单月销量达9,418辆，超越福特锐界，直逼汉兰达，成为7座SUV的销量亚军，从而得以与合资品牌分庭抗礼，赢得新春开门红。

4. 品牌升级传播

2017年，央视推出“CCTV国家品牌计划”，以国家平台实力助推中国企业成长，力求在国际市场上打造中国品牌的新名片。这与广汽传祺打造“世界级第一中国汽车品牌”的愿景不谋而合。凭借多年来高质、高速的品牌发展，广汽传祺在品质、实力乃至品牌愿景等方面都契合这一项目对企业设定的严格标准，并在2017年4月成功入选“CCTV国家品牌计划-中国品牌升级服务”。

作为“CCTV国家品牌计划-中国品牌升级服务”入选企业，广汽传祺获得了《新闻联播》提示收看和《天气预报》后的稀缺资源，仅在最初3个月的时间内，广汽传祺的广告便累计触达了62亿人次，覆盖了全国近6.36亿人，并且借此后来居上，在央视车企客户广告效果统计中位居第二。

此外，广汽传祺在CCTV-1专属时间播出了央视特别为“CCTV国家品牌计划”成员制作的3分钟品牌故事。故事讲述一个孩子心疼父亲辛苦，希望长大后为他造汽车，但在父亲的鼓励下，他树立了“给所有人造车”的志向，大学毕业后加入广汽传祺，一步一个脚印地扎实奋斗。这则品牌故事通过拍摄普通员工的故事，以小见大，生动地展现了企业的平凡匠心与不凡梦想。

除了提升普通消费者对广汽传祺的品牌认知，“CCTV国家品牌计划”也显著增强了广汽传祺的渠道拓展和资源整合能力。在CTR“CCTV国家品牌计划”效果调研中，参与调查的大部分广汽传祺经销商和终端商都认为“CCTV国家品牌计划”切实促进了销售，增强了他们的合作信心，并希望企业开展更多的与“CCTV国家品牌计划”相关的终端销售推广活动。

在广汽传祺自身实力与“CCTV国家品牌计划”传播效果的叠加下，2017年，广汽传祺全系列车累计销量达50.86万辆，同比大幅增长37%，在我国整体车市增速放缓的大环境下逆势增长。与此同时，其渠道迅猛扩张，在其成功开拓的经销商中，有一线合资背景的经销商达到80%，渠道内经销商也踊跃申请建店，这使得广汽传祺的服务能力和售后保障体系都得到了大幅提升。

近两年，广汽传祺成功地实现了品牌的跨越式成长，但企业拥有更长远的目标——成为至具品牌价值、至具影响力、深受顾客喜爱的世界级中国品牌，成为产、销、研一体化的全球化国际企业。在广汽传祺通往国际车企的道路上，品牌营销仍然不可或缺。

继助力广汽传祺成为国内知名的自主汽车品牌后，央视也会继续发掘国家媒体的强大传播力量，打造出源于中国、具有世界水平的汽车品牌。

颠覆日化行业的环亚

【案例概览】

在中国，环亚是国人既熟悉又陌生的企业。这个从云南诞生的集团在过去的26年里实现了从经销商到创立品牌先店后厂的转变，更实现了从地域品牌到全国品牌再到全球性品牌的跨越。环亚紧扣中国消费升级的趋势，变革性地推出滋源无硅油洗头水，一举打败宝洁而成为洗发水领域的老大。目前，环亚拥有美肤宝、法兰琳卡、滋源、幽雅、MOR五个在护肤、洗护等各个细分领域都出类拔萃的品牌，并且实现了从美容线单渠道到多渠道的全渠道转变。

作为“CCTV国家品牌计划”中唯一的日化品牌，环亚提出了“环亚时代”，肩负起国货自强的使命，借助央视强大的平台传播能力有效地提升了品牌影响力，拓宽了销售渠道，强劲地推动了企业销售的增长。2017年，环亚渠道网点突破30,000个，全面覆盖沃尔玛、家乐福、屈臣氏、万宁、大润发、乐购、欧尚、华润万家、永辉等各大知名连锁系统。在宝洁、欧莱雅、雅诗兰黛等外资品牌的包围中，环亚颠覆过往，实现了中国民族品牌的逆袭。

一、一瓶洗头水打破外企独大

在过去的两三年里，中国的消费者经历了深刻的消费升级，尤其是庞大的中产阶层，日用消费品首当其冲，成为中国消费者触手可及的变动者，而曾经几乎垄断中国日化市场的宝洁和联合利华，在这场升级变革中鲜有作为，低廉的产品和低端化的品牌传播让这两个昔日巨头的市场份额和品牌影响力急转直下：2015年宝洁中国区销售额65亿元，仅比10年前的56.4亿元高出不足9亿元，而其销售顶峰是2013年的84.1亿元。

作为中国本土企业，环亚洞察到了中国这场深刻的消费革命，率先升级自己的日常洗护用品，推出“滋源无硅油洗头水”。这个创立于2014年的洗护品牌，在今天中国无硅油头皮护理的市场份额高达46%，几乎是第二名的3倍。从传统的“洗发”到“无硅油头皮护理”，滋源以突破品类的品牌定位，引领了一场中国民族品牌带头的洗护市场升级。一个品牌带火一个集团，这就是滋源给环亚的礼物。

如今，环亚分别在中、澳、日、韩等多个国家设立了研发中心、设计创意中心和生产基地，实现了全球化战略布局。调查显示，目前我国的洗发水市场几乎达到市场饱和的程度，护发素过去五年保持稳定增长。而护肤品总体渗透率已经近85%，渗透率很高。细分品类有更多的发展机会：护手产品、眼部护理产品、身体护理产品和唇部护理产品渗透率都有明显增长。市场的信号告诉环亚，除了洗发水，它还需要更多的品类来保证一个集团的加速发展，为此环亚建立了五大品牌，分布在洗发、护肤等多个领域。

洗发水过往五年渗透率变化

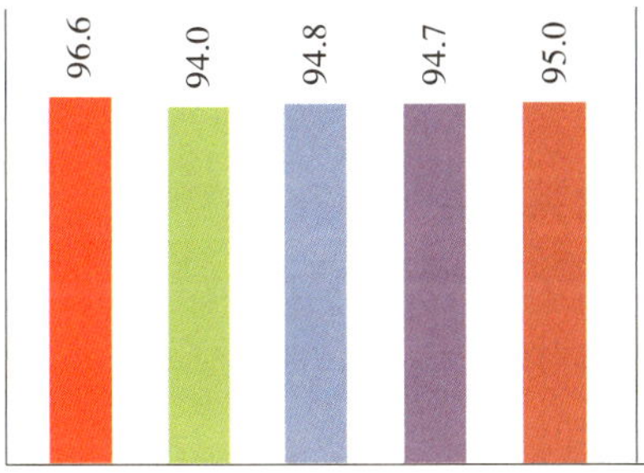

护发素过往五年渗透率变化

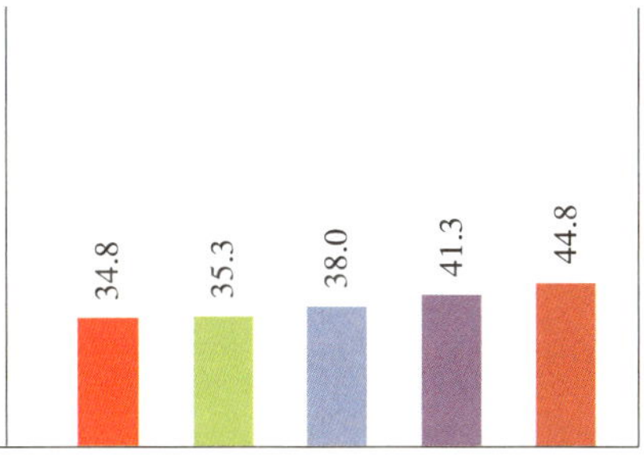

数据来源: CNRS 中国城市居民调查

护肤产品连续渗透率变化

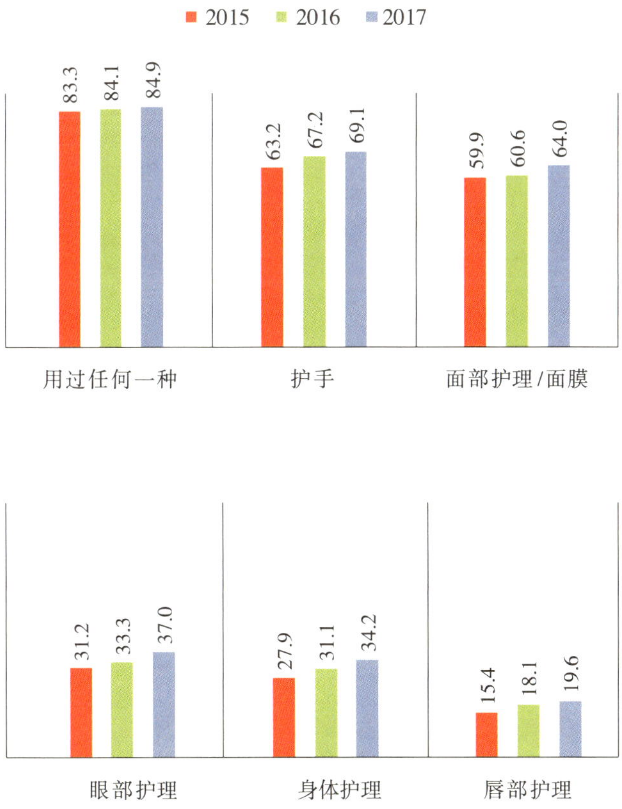

数据来源: CNRS 中国城市居民调查

- 美肤宝：坚守东方养肤之道，成为中药汉方护肤品牌的领导者；
- 法兰琳卡：有机护肤倡导者，坚守有机定位，成为天然有机护肤品牌的领导者；
- 滋源：无硅油头皮护理领导者，成立以来稳坐洗护国货NO.1交椅，成为中国洗护领导品牌；
- 幽雅：专业精油护肤领导品牌，帮助消费者获得专业健康护肤体验。
- MOR：环亚旗下具有澳洲血统的高端品牌，品类横跨护肤、沐浴、香氛等多重领域，拥有巴洛克复古风的包装与缤纷怡人的丰富香型。2017年5月MOR在上海CBE美博会环亚展馆内首次正式亮相。

环亚科技
UNIASIA TECHNOLOGY
做冠军产品·创世界名牌

美肤宝 MEIFUBAO　FRANIC 法兰琳卡　see young 滋源　YOUYA 幽雅　MOR Melbourne Australia

2016年12月，环亚集团“环亚时代”第八届企业年会，董事长胡兴国先生表示，如果心怀中国梦，相信中国品牌的崛起，那这就是最好的时代，也是开创“环亚时代”的最好时机。2017年作为环亚时代的元年，集团新的战略蓝图中，五大品牌将拥有更清晰的角色并会有配套的系列大动作。也正是在这一年，环亚成为“CCTV国家品牌计划–中国品牌升级服务”中唯一入选的一个日化品牌。

二、“CCTV 国家品牌计划”唱响“环亚时代”

环亚作为民族美妆日化行业的领跑者，代表行业高度参与“CCTV国家品牌计划”，其原因除了对央视强大公信力的认可，还有环亚所提出的“环亚时代”主题与央视责任和担当的不谋而合。环亚集团董事长胡兴国表示：“我们有底气加盟‘CCTV国家品牌计划’，我们更有战略打造国家品牌。”

1. 打造值得信赖的品牌印象

如何有效地利用央视平台？如何用好“CCTV国家品牌计划”所带来的各种品牌效应？环亚对自己的品牌进行了系统的规划。从环亚的品牌战略来看，保住无硅油洗发领域的领头羊地位是非常重要的，而打造新的品牌、进入到更有发展空间的护肤领域则是关键。滋源、美肤宝、法兰琳卡就是环亚在央视的主打品牌。从环亚“CCTV国家品牌计划”的传播效果来看：18~50岁人群累计触达规模超过86亿人次，全国近2.6亿目标受众被覆盖，人均看过广告33.7次，看过环亚广告3次以上的人占电视人口的60.6%。

“CCTV国家品牌计划”帮助环亚提升了受众对其旗下品牌的认知率，深化了受众对品牌的认知水平，明显提升了受众对环亚旗下品牌的喜爱程度、搜索意愿、购买意愿、推荐意愿等软性品牌指标。“CCTV国家品牌计划”的内涵与环亚的品牌形象相契合，直接加深了受众对环亚旗下品牌在“值得信赖”“有责任感”等方面的品牌形象认同。

“国家品牌计划”分产品GRP

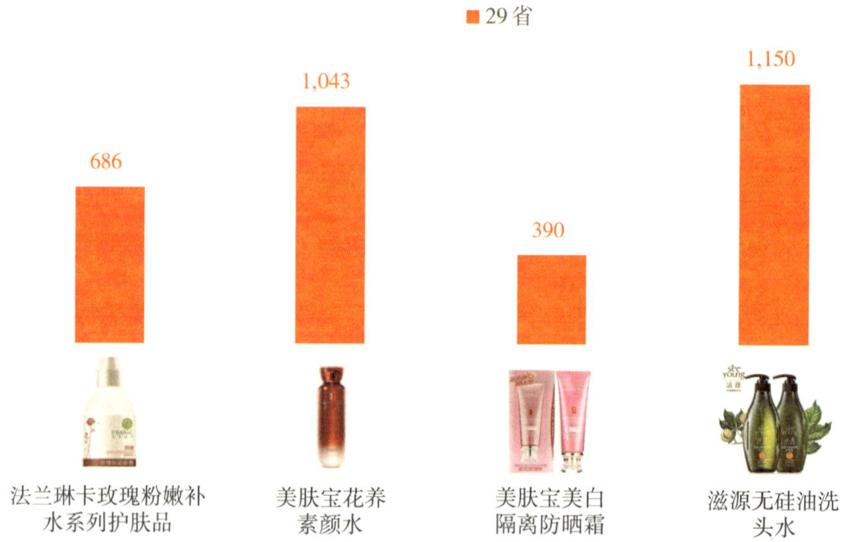

数据来源：2017《“CCTV 国家品牌计划”综合影响力报告》

2. 配合渠道和终端建设

渠道建设与品牌建设作为快消品的“地面部队”和“空中部队”，有着左膀右臂的重要地位，两者相互依赖、相互影响。根据《“CCTV国家品牌计划”综合影响力报告》，“CCTV国家品牌计划”在经销商和终端两个方面对入选企业有较大的赋能作用，能够提升企业在流通通路方面的能力。环亚手握“CCTV国家品牌计划”的高端传播资源和一揽子传播服务，着力自己擅长的渠道建设，加大力度布局线下渠道，加速网购渠道，建设个人护理店，打通了流通环节的每一个毛细血管。

护肤品购买–下降渠道

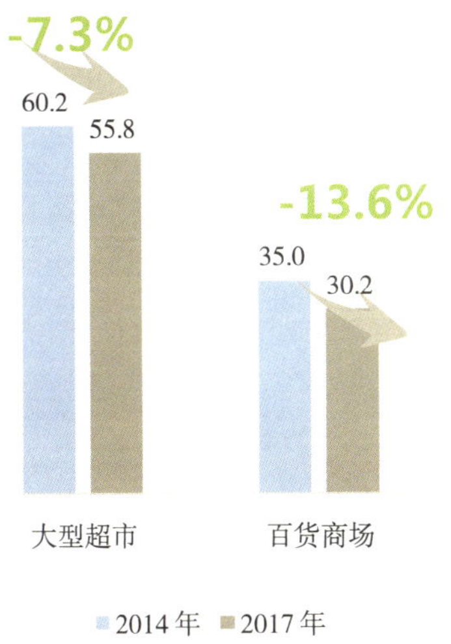

护肤品购买–增长渠道

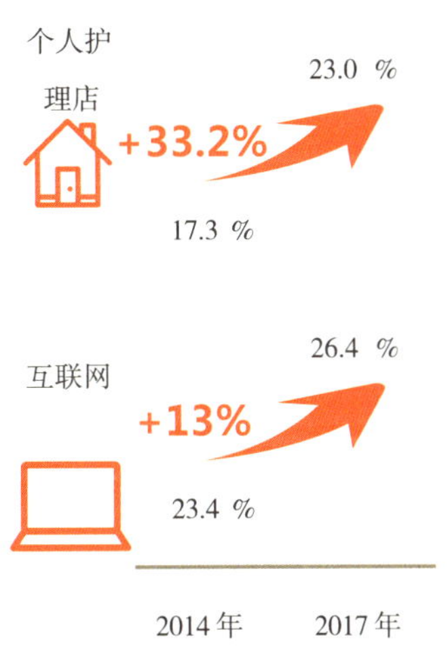

经常购买护肤品/化妆品的渠道

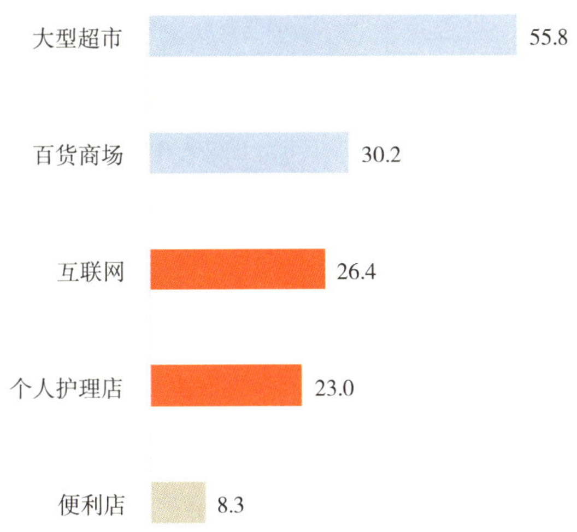

数据来源：CNRS 中国城市居民调查 Base= 所有人

2017年开始，滋源线下渠道网点已突破30,000个，全面覆盖了沃尔玛、家乐福、屈臣氏、万宁、大润发、乐购、欧尚、华润万家、永辉等各大知名连锁系统。截至2017年前5个月，屈臣氏销量中，滋源在洗护品类的市场占有率已从2016年的4.6%上升到6.2%，成为中国洗护市场TOP10中唯一的国产品牌。

CTR的调查数据显示，互联网和个人护理店已成为日化行业的重要渠道，网购护肤品的用户月均花费高于网下月均花费。环亚敏感地捕捉到了用户消费习惯的变化，快速切入电商渠道。2017年6·18电商购物节，“滋源无患子礼盒”在天猫10秒钟便售出1,000套，品牌在京东、天猫等各个平台的销售均在30分钟内突破100万元，单日销售均破千万元。通过“CCTV国家品牌计划”全程的有效执行，环亚和电商巨头京东形成了“国品联动”。2017年上半年，环亚积极参与“京东国品日”，有效地利用央视的传播资源和京东的渠道资源配置，使滋源在京东洗护品类中的销量增长达到107%。“双11”内容营销，包括全球地标性广告（小蛮腰）、全国电影院线广告、张予曦直播等，在传播滋源品牌知名度的同时有效地提升了滋源的电商销售流量，2017年“双11”大战销售纪录创新高，滋源天猫旗舰店业绩超过5,000万元，全网销售额1.0539亿元，成为国货洗护品牌中的NO.1。

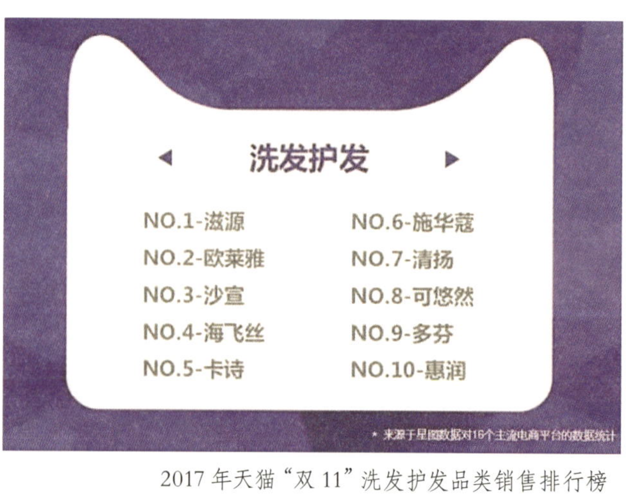

2017 年天猫“双 11”洗发护发品类销售排行榜

近年来，消费者购买护肤品、化妆品的渠道更加丰富和多样化，除了大型超市和百货商场，个人护理店也日益成为他们的购买场所。考虑到消费者体验式购买行为的趋势，环亚建立了个人护肤体验店，首创中国化妆品行业新零售品牌“喵吧”，为新零售业的发展强有力地推波助澜。喵吧零售店不仅集成了环亚旗下包括护肤、彩妆、香氛、高端洗护等自有品牌在内的产品，还引入其他优质品牌及美妆周边来扩充产品和品类，为消费者提供优质的产品、优质的购物体验和优质的服务。

从云南走向全国，再从中国走向国际，环亚从民族走向世界。未来，环亚将打造“双整合”战略，同步整合全球优质的物质资源和智慧资源。一方面环亚将汇聚优质资源，逐步实现采购全球化、制造全球化、营销全球化，搭建一条资源共享的全球产业链。另一方面，环亚将采集全球先进技术与理念，整合技术、人才等知识资源，建立一条知识共享的全球智慧链。用创新推动民族品牌走向世界，实现品牌梦、企业梦和中国梦，这是企业的情怀，也是环亚参与“CCTV国家品牌计划”的应有之义。

创造“国品日”的京东

【案例概览】

作为中国最大的自营式电商企业、《财富》杂志世界500强上榜品牌，京东拥有超过11万正式员工，2017年全年营收为3,623亿元人民币，同比增长40.3%。2017年全年GMV（商品交易总额）顺利突破万亿大关，接近1.3万亿元人民币。

在中国的电商市场，京东前有阿里巴巴堵截，后有苏宁、国美、唯品会等一众电商不断追赶。面对众多实力雄厚的竞争对手，如何打破行业竞争的格局成为京东必须思考的问题。

2017年京东成为央视“CCTV国家品牌计划”的首批入选企业。对于京东来说，找到并占领“CCTV国家品牌计划”这样独一无二的传播资源，与竞争对手的区隔就有了依据。在抓住时代发展契机这一点上，京东是敏锐的；在抓住品牌营销时机这一点上，京东是积极而主动的。加入“CCTV国家品牌计划”的京东，创造性地制造出“京东国品日”，统合“CCTV国家品牌计划”的入选企业的品牌势能，打造出又一个消费者品质狂欢日。

一、电商巨头的竞争压力

自2004年京东进军电商行业以来，就一直致力于打造一站式综合购物平台，服务中国亿万家庭。作为一家以数码电子产品和家电起步的电商企业，今天的京东已经成为涉足3C、家电、消费品、服饰家居、生鲜和新通路等板块的多元化企业，跨境电商、京东金融、京东技术是京东未来发展布局的重要抓手。

2017年京东全年营收突破3,000亿元，比第二名高出近1倍，稳坐中国B2C电商的头把交椅。然而行业竞争仍然艰巨，阿里巴巴集团GMV超过4.6万亿元，是京东的3倍以上，而苏宁和国美则凭借多年实体经营的底子，在战略转型中不断赶超。

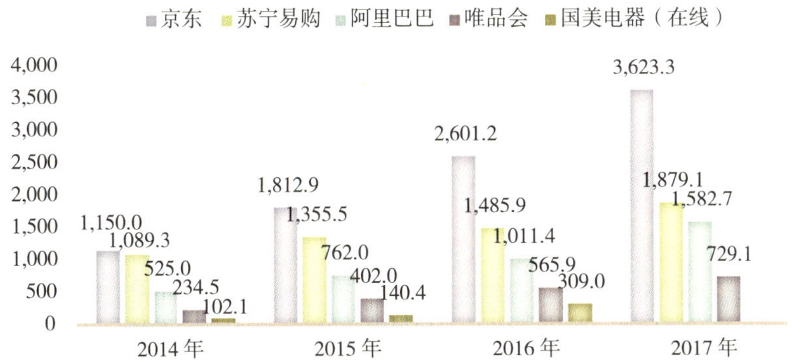

2014～2017年电商头部企业营业收入增长情况

数据来源：公司年报

如何在激烈的竞争中保持领先优势？如何打造出与其他电商平台不同的竞争力？京东的答案是：提供有品质的产品，用独一无二的传播资源告诉全国人民。前者是京东一直奉行的“正品行货”，是京东正道成功的基础；后者则是通过央视的舞台，实现美名远扬。

二、以品质和良心直面社会

“正品行货”是京东贯穿始终的经营理念，正是因为对产品品质的坚持，京东才收获了最忠实的消费者。相比于其他电商平台，京东拥有无数忠诚用户，其品牌忠诚度将近50%，可见京东已拥有了高重复购买意向的稳定客群。根据CTR的数据，有75%的消费者因为京东的“商家质量有保证”而选择京东。

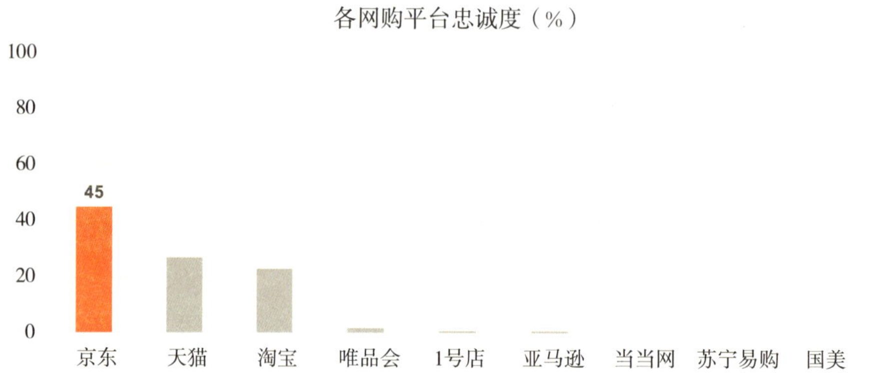

数据来源：2017《“CCTV 国家品牌计划”综合影响力报告》

BASE： N=312

除了产品有保证，京东对消费者的吸引力还源于其网站的知名度和高效便捷的物流体系。早在2007年，京东就开始自建物流体系。经过10年布局，京东建立了自主可控的物流网络，并于2017年4月将物流部门从京东分离出来，成立了京东物流子集团，正式独立运营物流业务。2018年3月，京东物流亮相平昌冬奥会闭幕式“北京8分钟”，从某种程度上印证了京东作为国家品牌的影响力。

忠诚消费者选择网购平台的主要原因占比（%）

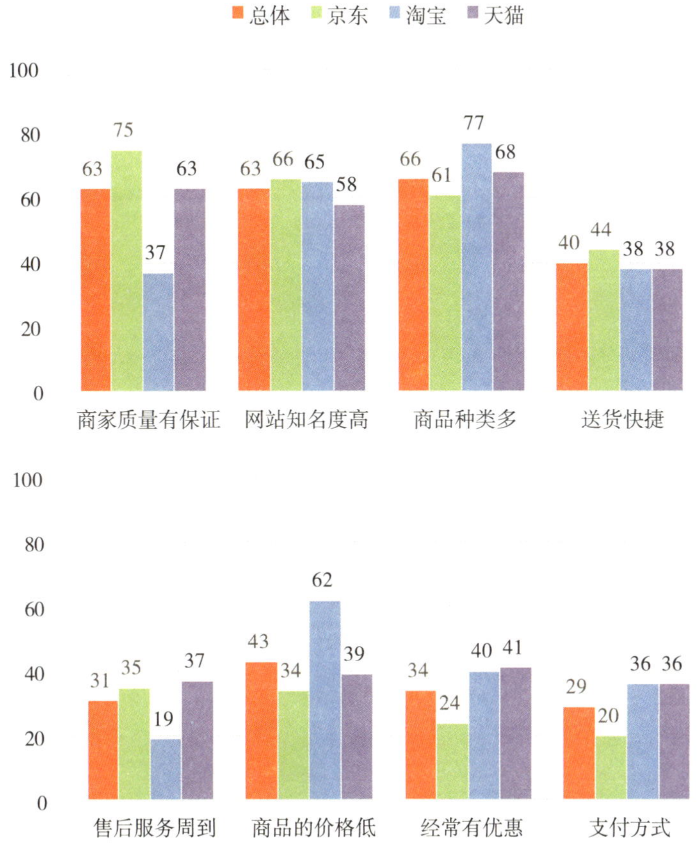

数据来源：2017《“CCTV 国家品牌计划”综合影响力报告》

BASE：过去 1 个月网购过的被访者　N=312

经过10多年的砥砺前行，京东在商业领域一次又一次突破创新，取得了跨越式发展。与此同时，京东不忘初心，积极履行企业社会责任，在就业、纳税、全球化等方面不断为社会作出贡献，将京东打造成为一家让国人为之自豪的伟大企业。2017年2月10日，以“科技引领未来”为主题的京东集团年会在北京召开。会上，京东集团CEO刘强东发表主题演讲，他回顾了京东过去12年的发展，将其总结为“全球用户体验最佳的公司之一”，并表示京东过去12年为国家和社会创造的最大贡献就是“正道成功”。刘强东称，京东所有的业务完全按照国家法律法规的规定，所有的商业都符合最基本的社会道德，全额交税，不卖水货假货，不偷逃员工的五险一金，不行贿不受贿。

除了依法合规经营，京东还积极响应国家号召，立足自身优势参与脱贫攻坚战略。“授之以鱼不如授之以渔”，京东借助平台有成千上万商家合作的优势，根据每一个贫困县找到合作的品牌，去当地进行精准扶贫，这让京东成为一个全产业链的复合平台，融资、培训、金融等全方面赋能，帮助贫困地区脱贫。以新疆为例，2017年京东超市、京东秒杀、京东扶贫频道、京东特产馆等多个平台累计销售新疆特产超过40万吨，成为新疆特产上行的重要通道。

目前，京东以“原产地直采+自营”模式，在全国多个地区开设了127个“扶贫特产馆”，上线特色产品逾2万种，帮助贫困地区打造特色品牌，并在832个国家级贫困县开展扶贫活动，上线贫困地区商品逾300万种，实现扶贫农产品销售额超200亿元，累计10万户建档立卡贫困家庭受益。

三、独一无二的品牌传播方案

2017年，京东入选“CCTV国家品牌计划-中国品牌升级服务”项目。调查显示，消费者选择一家电商平台进行消费的理由，除了产品品质有保证之外，最重要的就是平台的知名度。“CCTV国家品牌计划”帮助京东提升了品牌认知率，深化了受众对品牌的认知水平，明显提升了受众对京东品牌的喜爱度、搜索意欲、购买意欲、推荐意欲等品牌软指标。根据CTR调查研究，有13%的受访者在得知京东加入了“CCTV国家品牌计划”后，对京东的品牌评价从“比较好”升级到了“非常好”。

京东的品牌美誉度比较
（评价京东品牌印象“非常好“的比例）

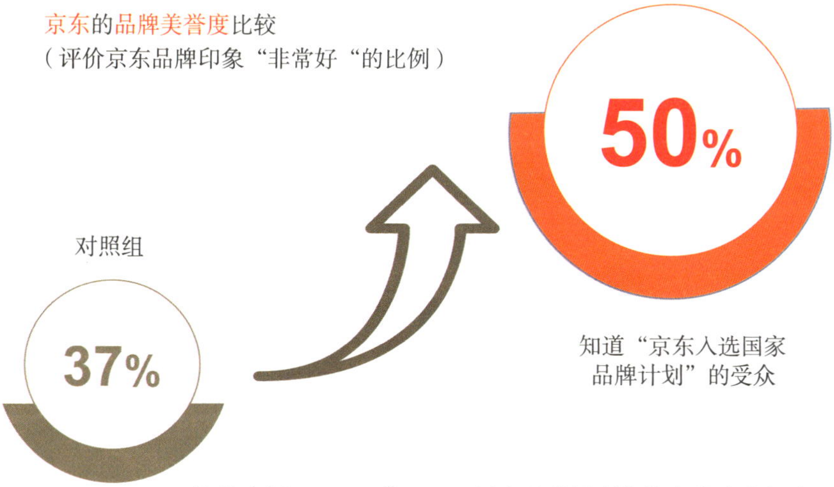

数据来源：2017《“CCTV 国家品牌计划”综合影响力报告》

在以下词语上认为京东“完全符合”的比例（%）

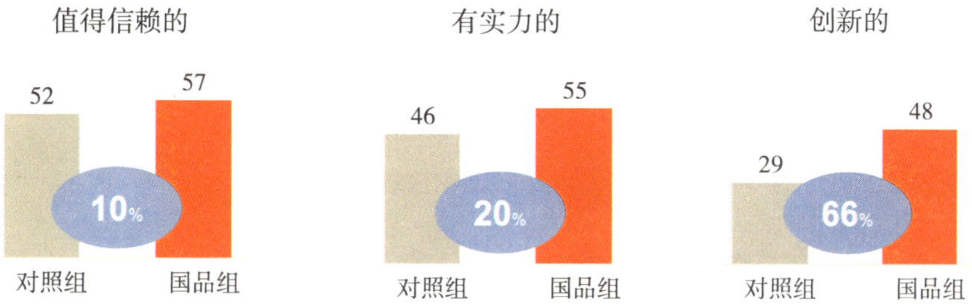

数据来源：2017《“CCTV 国家品牌计划”综合影响力报告》

在品牌内涵上，“CCTV国家品牌计划”与京东所打造的品牌形象非常契合，直接加深了受众对京东在“值得信赖”“有实力的”“创新的”等方面的品牌形象认同。

对于很多企业来说，品牌建设和销售通路建设同样重要。作为中国电商翘楚的京东擅长通过电商平台加速商品流通和买卖，而中央电视台作为中国最大的媒体机构，具有强大的品牌打造和传播能力。两者强强联合，一起为中国品牌提供打通品牌传播和销售通路的全方位服务。

2017年3月15日，京东联合央视宣布推出首个“京东国品日”，与华为、蓝月亮、格力、海尔、金龙鱼、美的、伊利、滋源、东阿阿胶、洋河等10余家“CCTV国家品牌计划”成员联手，一起为中国消费者献上一场品质消费盛宴，助力中国品牌持续健康成长。2018年参与“京东国品日”的企业数量增加到了27家，“京东国品日”得到了越来越多企业的认可。

2017年3月15日“京东国品日”合作现场

在2017年“京东国品日”期间，京东与十几家“CCTV国家品牌计划”的成员以“品牌国家队”的形象登上纽约时代广场大屏，回应全球消费者对品质消费特别是对提升网购服务水平的强烈期待。“CCTV国家品牌计划”京东国品日的举办让3·15不再仅仅是消费者权益保护日，更成为了一个品质诚信的购物节。

京东携手“CCTV国家品牌计划”成员登陆纽约时代广场大屏

“广告精准扶贫”起点的贵州

【案例概览】

“CCTV国家品牌计划-广告精准扶贫”项目是央视广告经营管理中心首倡推出的具有帮扶性、公益性并具体针对全国脱贫攻坚任务较重地区的扶贫项目。2016年9月1日，贵州省作为试点省份，成为首家“广告精准扶贫”项目入选省份，央视免费播出贵州省贫困地区的农副产品，取得了显著的经济效益和社会效果。为巩固扶贫效果，央视承诺为贵州提供三年的“广告精准扶贫”传播资源以帮助贫困地区的优质农产品销得快、卖价高，让百姓得实惠，让红利流向扶贫末端。

在贵州的扶贫工作中，央视从一开始就确定了工作模式，这一工作模式成为保证扶贫工作有条不紊开展的关键。这一工作模式就是由各省省委、省政府支持，省委宣传部具体组织实施，协调相关部门，筛选扶持项目，组织制作广告片，报送央视播出等一系列工作。

央视和贵州省委的扶贫工作，是通过国家平台成就地区优质品牌，带动贫困地区的投资和产业化发展，走出一条带动贫困地区可持续发展、品牌化脱贫之路的典型样本，也是央视广告精准扶贫的宝贵经验。

一、猕猴桃是如何成为网红的

2016年8月16日，央视广告经营管理中心、中共贵州省委宣传部在贵州省贵阳市举办“CCTV国家品牌计划-广告精准扶贫”项目新闻发布会暨贵州省首批项目签约仪式。这也标志着“CCTV国家品牌计划-广告精准扶贫”项目正式启动。

经中央电视台和贵州省委宣传部共同确认，贵州省成为“广告精准扶贫”的试点省份。发布会上，央视广告经营管理中心、贵州省委宣传部签署了《中央电视台“广告精准扶贫”项目合作意向书》，并正式发布央视“广告精准扶贫”项目。贵州省扶贫开发办公室党组副书记、副主任王贵宣布首批入选央视“广告精准扶贫”项目产品名单。

2016年9月1日，央视首支“广告精准扶贫”公益广告片亮相屏幕。贵州猕猴桃作为“多彩贵州·精品黔货”的首发产品在CCTV-1、CCTV-2、CCTV-4、CCTV-7、CCTV-13这5个频道播出。“贵州猕猴桃”公益扶贫广告以修文猕猴桃和水城猕猴桃为代表，广告视频融贵州优美的自然风光和猕猴桃的优良品质为一体，突出贵州猕猴桃的生态、健康、美味，将贵州猕猴桃完美地呈现于屏幕之上。该广告片配有“多彩贵州·精品黔货”官方二维码，观众扫码即能获得更多关于贵州猕猴桃的资讯。

广告投放不到一个月，贵州省政府就发来喜报，表明2016年贵州猕猴桃整体产量同比2015年增长了10%左右，而收购价格不降反增，从2015年的每斤2.5元多增长到2016年的5元多。通过央视广告扫码完成的线上贵州猕猴桃销售就达2,900吨以上，同比增长了1000%，线上线下销售额达3亿余元。一夜之间，曾经卖不出去的猕猴桃成为了人人争抢的“网红”。

多彩贵州　精品黔货

贵州猕猴桃

链接　贵州猕猴桃增产价涨，贫困农户增收脱贫

水城县勺米乡果力普村一位叫冯军书的贫困户，原有29亩土地，主要以种植玉米为主，全家5口忙作一年，收入不到1万元。2014年以土地资源入股猕猴桃种植基地后，2015年全家收入2万多元。2016年因猕猴桃销路看好、价格上涨，仅土地分红就达到2万元左右，全家提前实现了脱贫摘帽。

贫困户耿先洪，因车祸留下后遗症，不能从事重体力劳动，田地荒芜，因病致贫。2017年，猕猴桃市场前景看好，村合作社计划新种植300亩猕猴桃果园。他以土地流转的方式加入合作社，以土地资源入股，9亩土地入股分红以及在猕猴桃合作社务工工资等收入预计2017年全家可达到3万元左右。因“广告精准扶贫”项目对贵州猕猴桃产业的促进发展，果力普村2017年有望实现全村脱贫。“荷包鼓起来了，腰杆子也直起来了”是今年种植猕猴桃农户的心声。

二、盘县火腿成为明星产品

党的十九大召开期间，习近平总书记对贫困地区发展脱贫产业特别关心，当得知贵州盘州市岩博村白酒和火腿产业发展红火时，他十分高兴，鼓励岩博村要把产业发展好，以带动更多村民脱贫致富。总书记的关心和关怀，让人民小酒和盘县火腿备受关注。恰巧，彼时中央电视台正在和贵州省委宣传部合作“CCTV国家品牌计划-广告精准扶贫”项目，经过审核与研判，盘县火腿被纳入“广告精准扶贫”项目。2017年11月，盘县火腿的广告登上央视的舞台，盘县火腿很快成为“网红”产品，成为人们争相购买的明星产品。

广告播出后，盘县火腿产业产销两旺。广告播出以前，盘州市有规模的加工企业仅为9家，火腿年生产能力17万只；火腿广告播出以后，规模加工企业增加到11家，年加工火腿超过20万只，销售渠道大幅度扩大，价格稳步提高。党的十九大以前，盘县火腿主要通过线下实体店的模式在周边昆明、贵阳、重庆等销售；党的十九大后，盘县火腿的线上需求订单猛增，除西藏外，全国各地都有销售，一个月之内，所有火腿全部售罄。

广告播出后，盘州市火腿产业得到快速发展。省市各级领导高度重视，制定了盘县火腿产业发展工作方案，按照“全域产业、全域扶贫”理念,推动盘县火腿产业实现跨越式发展。盘州市成立了火腿产业协会，吸纳单位和个人会员50余个。协会明确了生产工艺，统一了标识，以推进火腿产业健康发展。盘州市还成立了盘县火腿质检中心，专门负责盘县火腿的质量检测工作。

广告的播出带来了良好的社会效益，为盘州市的脱贫攻坚、全面小康开辟了新路子。火腿产业的飞速发展，带动了盘州市的生猪养殖和就业创业。2018年2月底，全市规模化生猪养殖企业达到220家，增长了18.3%。

贵州“广告精准扶贫”项目合作期内，遵义茶、麻江蓝莓、罗甸火龙果、织金竹荪、兴仁薏仁米、贵州猕猴桃、从江椪柑、盘县火腿这8种农产品免费亮相央视，在央视8个频道播出，每个产品按照时节播出1个月，每天播出频次不少于20次。通过央视的平台，这些名不见经传的山货、农货成为了贵州“黔货出山”的代表。

三、领导得力的省委宣传部

“广告精准扶贫”项目从一开始就确定了一个基本工作模式：由各省省委、省政府支持，省委宣传部具体组织实施，协调相关部门，筛选扶持项目，组织制作广告片等一系列工作。正是因为有宣传部门的卓越组织和领导，广告精准扶贫工作才得以扎实推进、良好运行，而这一模式的开启也正在贵州。

贵州省委宣传部门在遴选推荐产品时严格把关，切实“帮到点子上，扶到关键处”。他们组织召开项目产品遴选和推进会，广泛征求省直部门及基层干部群众、企业的意见，协调省扶贫办、省农委从各地推荐的百余种产品中遴选大宗、应季产品。

贵州省委宣传部门还组织拍摄了农产品扶贫广告片，联动央视和贵州当地媒体进行立体化传播。优秀的广告片给贵州省带来了多重传播能量，也推动了旅游等第二三产业的发展。扶贫广告片以优美的画面展示了农副产品原产地的良好生态和自然景观，加强了对当地旅游的推广和乡村休闲旅游等业态的推介，通过扶持一产带动二三产业的发展。例如，湄潭茶园体验园、正安县瑞溪镇罗汉洞十里茶廊及水车坝、桴焉茶旅一体化园区、九道水国家森林公园、上坝知青茶场茶旅一体化园区等景区2016年10月份接待游客45万人次，同比增长了200%。以“织金竹荪”为主体的织金公共品牌形象进一步增强，带动了当地国家4A级景区——织金洞的旅游，织金洞在2015年11月份迎来了6万人次的客流量，比2014年同期增长了20%。2017年清明小长假，仅湄潭县乡村旅游就达到了11万辆车、24万人次。

四、多彩贵州网的双赢之道

“广告精准扶贫”提供品牌传播服务，同时也需要地方政府做好服务配合工作。在贵州省，多彩贵州网肩负起与“广告精准扶贫”联动运行的任务，其主要的服务配合包括两方面：一个是线上的立体化宣传工作，通过联合地方媒体与央视形成宣传合力；另一个是线下的服务，主要是销售渠道，包括经销商和网上渠道拓展。

在线上服务方面，贵州相关部门、地区各类媒体资源、电商平台与央视联动，形成立体化传播方案，并在上线传播过程中做好跟踪服务工作，包括信息及时反馈、数据采集、效果反馈等。从2016年起，多彩贵州网在省委宣传部的领导下，积极配合央视做好“广告精准扶贫”的相关工作。在视频制作上，多彩贵州网先后做了9个县的产品拍摄，产品覆盖了全省的6个市州；在宣传推广上，多彩贵州网的网站、微信、微博以及贵州日报社各兄弟单位媒体进行了全方位的报道，总曝光量达10.4亿。精准扶贫的广告产品直接覆盖贫困户达8.3万户、26.6万人。

在扶贫广告片中，每个农产品均有一个二维码，消费者通过扫描二维码就可以跳转至购买平台，购买自己心仪的农产品。在贵州省内，提供这种电商平台和在线销售服务的就是多彩贵州网。除了多彩贵州网自有的电商平台，贵州还连接第三方平台帮助农户提升销量。2017年盘县火腿成为网红产品，需求订单猛增，零售价格普遍上浮16%左右；线上销售价格上浮约25%，累计销售300吨，同比增长300%；实现销售收入2,250万元，同比增长480%。遵义茶逐渐走向全国、漂洋过海，在全国20多个省（市、区）设立品牌专卖店、旗舰店、批发部590多家，企业在天猫、阿里巴巴等知名网站开设网店300余家。

在帮助贫困地区农产品销售的同时，多彩贵州网也成了“CCTV国家品牌计划-广告精准扶贫”项目中又一个广为人知的“网红”。

“CCTV国家品牌计划-广告精准扶贫”项目是贯彻落实习近平总书记关于精准扶贫、精准脱贫工作系列重要讲话精神以及“广告宣传也要讲导向”重要指示的一次成功实践，是中央主流媒体始终把社会效益放在首位的具体体现。贵州是“CCTV国家品牌计划-广告精准扶贫”项目开展得最早、投入最大、成效最好、老百姓受益最多的省份。贵州省委常委、宣传部部长穆德贵表示:“央视的‘CCTV国家品牌计划-广告精准扶贫’不仅是一个扶贫项目,坚持下去它就是一个致富项目。”

后 记

这本书的缘起，是2016年我申报的国家广播电视总局部级社科研究项目。课题完成以后，觉得不该辜负撰写课题过程中的思考，进而觉得课题所涉及的的确是两年来我全部脑力、体力所耗，遂有了成书的“非分之想”。

这两年，媒体圈和广告界经常有人问我：“你咋就想出了‘CCTV国家品牌计划’这个点子？”“谁帮你出的这个牛主意？”我每每坦然应之：新闻报道呀。这样回答时，相信的人少，一脸狐疑的人多。但是，无论听者信与不信，这就是事实。

就像十年前我的另外一个作品热播时，也总被问及：“你咋就想到了《大国崛起》这个选题？”“谁帮你出的主意？”彼时，我也如今日般坦然应之：新闻报道呀。一如今日，相信的人少，一脸狐疑的人多。但是，无论听者信与不信，这就是事实。

人生谁还没经历过几次你在很认真地说真话时人家却认为你在说假话的尴尬?

《大国崛起》的创作缘起，是新闻报道了中央政治局集体学习15世纪以来九个全球性大国兴起和衰落的历史，那是“时代之问”。作为媒体人，人人都有探寻的责任和义务。

“CCTV国家品牌计划”的出台缘起，是新闻报道了习近平总书记提出“三个转变”和“广告宣传也要讲导向”的要求，这是“时代命题”。作为媒体人，人人都有践行的责任和义务。

很幸运。在中央电视台这个国家级媒体平台工作，令央视人有更多的机会做一些具体工作，思考“时代之问”，应答“时代命题”。这是职责使然、使命所在。

十二年前和两年前一样，央视人进行了自己的探索和实践。而于该书付梓之时，我首先要表达的不是感谢，而是诚惶诚恐：这样一些大命题，我们居然不自量力地要探寻和回答，是否有些逞匹夫之勇的味道？十二年前交出的答卷已有公论，此番答卷能得几分，尚在检验之中。

现在到了该说感谢的时候了。

2015年秋，我毫无准备地走上了媒体广告经营的岗位。但此刻，由衷感谢安排我从事这一媒体行业最难干岗位的领导。正是因为这个偶然的安排，让我经历了从未有过的艰辛、压力和忧虑，更经历了人生中难得的一段历练、考验与成长。如果您能看见，此处有一个深深的鞠躬。

特别感谢所有给“CCTV国家品牌计划”鼓励与嘉许的领导。这其中最让我感动的是素未谋面但甫一见面就给予褒奖的中央广播电视总台领导。这份褒奖对于我和团队，如同久渴之人忽得甘泉。多年前曾在戈壁徒步、宿营四天四夜，我真切体会过那种身体对于水的感受。两年来与团队日夜煎熬在经营一线，深知每个人精神上对于理解和支持的渴望。如果您能看见，此处有一个深深的鞠躬。

特别感谢第一批加入“CCTV国家品牌计划”的十八家中国优秀企业，尤其是领导这些企业的企业家们。正因为深藏在你们心底的那份家国情怀，让你们一遇见“CCTV国家品牌计划”，洞悉了它所饱含着的梦想与力量。如果你们能看见，此处有一个深深的鞠躬。

感谢主管部门的指导和包容。因为任何一次创新实践，都意味着突破，意味着承担。

感谢央视广告团队对我的支持。两年来，那种从不相信到信任的感觉，是我们之间无法被抹去的工作友谊留下的真实印痕，它将历久弥新。

感谢广告行业的前辈们对我这个闯入“瓷器店”的愣头青给予的厚爱。那种从不接受到惺惺相惜的感觉，是我们之间建立起的相互尊重和欣赏的标记，它郑重而坚实。

感谢中国传媒大学，我的母校，不仅给予我最坚定和最专业的学术支持，更是我从事媒体工作二十余年来始终不变的精神支柱。校党委书记陈文申亲自出席“CCTV国家品牌计划”学术研讨会，授业老师高晓虹教授亲自主持会议。这本书得以出版，也是母校出版社程平女士给予了专业指导。与其说感谢母校，不如说为有这样的母校而骄傲！

感谢黄升民教授为本书写序。

感谢黄教授的弟子李玉洁对本书做出的重要贡献。

最后，感谢我的亲人们。两年来，我就干了两件事：一是为CCTV挣钱，二是为“CCTV国家品牌计划”思虑和奔忙。虽然这不能成为对你们照顾不周的理由，但是它确实发生了。

2018年7月19日

于前往湖州的高铁上